テンプレートで学ぶ

はじめての
心理学論文・
レポート作成

A guide to writing a psychology paper for beginners

長谷川 桐＋鵜沼秀行　著

東京図書

Ⓡ〈日本複製権センター委託出版物〉
本書を無断で複写複製（コピー）することは，著作権法上の例外を除き，禁じられています。本書
をコピーされる場合は，日本複製権センター（電話：03-3401-2382）の許諾を受けてください。

まえがき

　本書は、はじめて心理学の論文や実験レポートの作成を行う学部生や、大学院ではじめて心理学を学ぶ大学院生に向けた本として執筆しました。特に、学部2年次で履修する「心理学実験」や4年次の「卒業論文」において活用できるよう考えられています。具体的には、各章のナビゲーションにしたがって進めていくことで、それぞれのテーマの論文・レポートが完成する想定になっています。

　本書の特徴としては、(1) 心理学実験や卒論で実施するテーマごとに、書くべき内容やポイントを丁寧に解説、(2) レポート作成の際に多くの学生が戸惑う「統計分析」について、テーマ×手法別に考え方・まとめ方を解説、(3)「テンプレート」が多用されており、レポート・論文を構成する各部分の文章化や、分析結果の整理が行える仕様になっています。すなわち、単なる解説書ではなく、「実際に書き込んで、レポートを完成させていく」という実践的ワークブック形式、(4) テーマ別の参考論文を用いた解説で、具体例や完成型にふれながら、テーマに則したまとめ方を実感、(5) 高度な統計手法：重回帰分析や因子分析についても、卒業論文や修士論文で実施する学生を考慮して、結果の解釈・まとめ方を解説しています。

　本書を活用することで、はじめて論文・レポートの作成にとりかかる初学者の皆さんの道しるべになれば幸いです。

　最後に、本書の企画〜編集の全てを担当してくださった東京図書 編集部の有冨智子さんに、心からの感謝を伝えたいと思います。本書が完成するまでの過程では、頑固で短気な著者・長谷川と編集部の間に入り、相当なご苦労があったことと推察いたします。編集者として著者の意向や提案を最大限尊重しながら、同時に編集部の意見も取り込んで本を作り上げようとする姿勢に、本書への強い「思い」と彼女自身の芯の強さを感じました。この場をかりて、御礼申し上げます。

著者を代表して　長谷川桐　記す

も く じ

まえがき　　　　　　　　　　　　　　　　　　　　　　　　　　　　　　　　iii

第1章　論文・レポートの基本的な構成と書き方　　　　　鵜沼 秀行　　1

　　参考論文「スクロール表示された文章の読み特性」　　　　　　　　　　2

1.0　はじめに（本書のテーマについて）―――――――――――――4
　　1.0.1　論文、レポートとは ……………………4　　1.0.3　論文、レポートの文体と表現 …………4
　　1.0.2　論文、レポートの構成 ………………4　　1.0.4　「剽窃」ということ ………………………6

1.1　題目 ――――――――――――――――――――――――7

1.2　問題 ――――――――――――――――――――――――7
　　1.2.1　(1) テーマの一般的な説明 ……………7　　1.2.4　(4) 目的 ………………………………8
　　1.2.2　(2) この論文が取り上げる問題の概要 …8　　1.2.5　(5) 仮説 ………………………………9
　　1.2.3　(3) 先行研究 ……………………………8

1.3　方法 ――――――――――――――――――――――――10
　　1.3.1　(1) 実験参加者 …………………………10　　1.3.4　(4) 手続き …………………………11
　　1.3.2　(2) 装置・器具 …………………………10　　1.3.5　(5) 実験計画（デザイン）…………11
　　1.3.3　(3) 刺激 …………………………………10

1.4　結果 ――――――――――――――――――――――――11

1.5　図表の作り方 ―――――――――――――――――――――13
　　1.5.1　表の作り方 ……………………………13　　1.5.2　図の作り方 ………………………………13

1.6　考察 ――――――――――――――――――――――――14
　　1.6.1　考察に書くこと ………………………14　　1.6.2　何を考察するか …………………………15

1.7　文献の検索方法（関連する文献をどのように探すか）――――――16
　　1.7.1　本を使った検索方法 …………………16　　1.7.3　文献データベース ………………………17
　　1.7.2　学会誌 …………………………………16　　1.7.4　インターネット資料の引用 ……………18

1.8　文献引用のしかた ―――――――――――――――――――19
　　1.8.1　引用のしかた …………………………19　　1.8.2　引用文献リストの作成 …………………19

1.9　見出し、小見出し ―――――――――――――――――――20

| 1.10 | レポート提出前のチェックリスト | 22 |
| 1.11 | 第 1 章の引用文献 | 23 |

第 2 章　テレビ広告の内容分析とクロス集計　　　　　鵜沼 秀行　25

参考論文　「英国のテレビ広告における性役割のステレオタイプ化」　　　26

2.0　はじめに（本章のテーマについて）　　　　　　　　　　　　　　29

2.1　問題　　　　　　　　　　　　　　　　　　　　　　　　　　　30

2.1.1　(1) 問題の書き出し……………30　　2.1.4　(4) 具体的な目的……………………35
2.1.2　(2) 目的の概要………………31　　2.1.5　まとめ（「問題」部分の構成）……36
2.1.3　(3) 先行研究…………………32

2.2　方法　　　　　　　　　　　　　　　　　　　　　　　　　　　37

2.2.1　(1) 標本……………………37　　2.2.4　(4) 分類の信頼性…………………41
2.2.2　(2) 手続き…………………38　　2.2.5　まとめ（「方法」部分の構成）……42
2.2.3　(3) 変数の整理（説明変数と基準変数）……39

2.3　結果　　　　　　　　　　　　　　　　　　　　　　　　　　　43

2.3.1　(1) 分割表の作成…………43　　2.3.3　まとめ（「結果」部分の構成）……48
2.3.2　(2) 分割表の検定と結果の記述……………45

2.4　考察　　　　　　　　　　　　　　　　　　　　　　　　　　　49

2.4.1　(1) 結果の要約……………49　　2.4.4　(4) 研究の意義と結論…………………51
2.4.2　(2) 結果の説明、先行研究との比較………50　　2.4.5　まとめ（「考察」部分の構成）……53
2.4.3　(3) 説明の一般化…………50

2.5　引用文献　　　　　　　　　　　　　　　　　　　　　　　　　54

第 3 章　ストループ効果 & t 検定　　　　　　　　　　長谷川 桐　55

参考論文　「色─語ストループ干渉における反応競合説の検討」　　　56

3.0　はじめに（本章のテーマについて）　　　　　　　　　　　　　60

3.1　問題　　　　　　　　　　　　　　　　　　　　　　　　　　　61

3.1.1　(1) 問題…………………61　　3.1.4　(4) 仮説……………………………66
3.1.2　(2) 先行研究の概観（研究史）……………62　　3.1.5　まとめ（「問題」部分の構成）……67
3.1.3　(3) 目的…………………65

3.2 方法 — 68

3.2.1 （1）実験参加者 …………… 68
3.2.2 （2）刺激 …………… 69
3.2.3 （3）器具・装置 …………… 70
3.2.4 （4）実験計画 …………… 70
3.2.5 （5）手続き（＋教示） …………… 71
3.2.6 まとめ（「方法」部分の構成） …………… 72

3.3 結果 — 73

3.3.1 （0）ローデータの整理 …………… 73
3.3.2 （1）記述統計：平均値、標準偏差の算出 …… 74
3.3.3 （2）図・表の作成 …………… 75
3.3.4 （3）統計的検定：t 検定（被験者間計画）…… 77
3.3.5 まとめ（「結果」部分の構成） …………… 79

3.4 考察 — 80

3.4.1 （1）要約、仮説の結論 …………… 80
3.4.2 （2）実験結果をどのように説明するか …… 81
3.4.3 （3）先行研究との比較 …………… 82
3.4.4 （4）今後の課題と研究の限界 …………… 83
3.4.5 （5）結論 …………… 83
3.4.6 まとめ（「考察」部分の構成） …………… 84

3.5 引用文献 — 85

第4章　パーソナルスペース＆分散分析　　長谷川 桐　87

参考論文 「個人空間に及ぼす性と支配性の影響 」　88

4.0 はじめに（本章のテーマについて） — 91

4.1 問題 — 92

4.1.1 （1）問題 …………… 92
4.1.2 （2）先行研究の概観（研究史） …………… 93
4.1.3 （3）目的 …………… 96
4.1.4 （4）仮説 …………… 96
4.1.5 まとめ（「問題」部分の構成） …………… 97

4.2 方法 — 98

4.2.1 （1）実験参加者 …………… 98
4.2.2 （2）接近者 …………… 99
4.2.3 （3）実験計画 …………… 99
4.2.4 （4）器具・装置 …………… 100
4.2.5 （5）手続き（＋教示） …………… 100
4.2.6 まとめ（「方法」部分の構成） …………… 102

4.3 結果 — 103

4.3.1 （0）ローデータの整理 …………… 103
4.3.2 （1）記述統計：平均値、標準偏差の算出 … 104
4.3.3 （2）図の作成：同心円グラフ …………… 105
4.3.4 （3）統計的検定：1 要因分散分析
　　　　　（被験者内計画） …………… 106
4.3.5 まとめ（「結果」部分の構成） …………… 110

4.4 考察 ——————————————————————————————— 111

4.4.1 (1) 要約、仮説の結論 ························ 111 　 4.4.4 (4) 今後の課題と研究の限界 ·············· 114

4.4.2 (2) 実験結果をどのように説明するか ······ 112 　 4.4.5 (5) 結論 ································· 114

4.4.3 (3) 先行研究との比較 ···················· 113 　 4.4.6 まとめ（「考察」部分の構成）············ 115

4.5 引用文献 ——————————————————————————— 116

第5章　ミュラー・リヤー錯視と分散分析　　　　　　　　鵜沼 秀行　117

参考論文 「ミュラー・リヤー錯視と角度錯視の関係」　　　　　　　118

5.0 はじめに（本章のテーマについて）———————————————— 121

5.1 問題：ミュラー・リヤー錯視 ————————————————————— 121

5.1.1 (1) 問題と先行研究：幾何学的錯視とは ··· 121 　 5.1.3 (3) 目的と仮説 ························· 125

5.1.2 (2) 錯視の測定と精神物理学的測定法 ······ 124 　 5.1.4 まとめ（「問題」部分の構成）············ 128

5.2 方法 ——————————————————————————————— 129

5.2.1 (1) 実験参加者 ························· 129 　 5.2.4 (4) 実験計画 ························· 131

5.2.2 (2) 装置 ····························· 130 　 5.2.5 (5) 手続き ··························· 132

5.2.3 (3) 材料（あるいは刺激）··············· 130 　 5.2.6 まとめ（「方法」部分の構成）············ 133

5.3 結果 ——————————————————————————————— 134

5.3.1 (0) ローデータの整理 ·················· 134 　 5.3.5 (4) 分散分析の後で ··················· 141

5.3.2 (1) 記述統計 ························· 135 　 5.3.6 (5) 多重比較 ························· 141

5.3.3 (2) 図の作成 ························· 137 　 5.3.7 (6) 検定結果のまとめ ················· 142

5.3.4 (3) 統計的検定：分散分析 ·············· 138 　 5.3.8 まとめ（「結果」部分の構成）············ 144

5.4 考察 ——————————————————————————————— 144

5.4.1 (1) 目的と結果の要約 ·················· 145 　 5.4.4 (4) 一般化の可能性　今後の課題 ·········· 147

5.4.2 (2) 仮説について ····················· 145 　 5.4.5 (5) 結論 ····························· 147

5.4.3 (3) 理論からの説明と先行研究との比較 ··· 141 　 5.4.6 まとめ（「考察」部分の構成）············ 148

5.5 引用文献 ——————————————————————————— 149

第6章　SD 法を用いた国のイメージの測定＆因子分析　　長谷川 桐　151

参考論文　「SD 法による観光客数上位 10 カ国のイメージとその規定因」　152

6.0　はじめに（本章のテーマについて）　154

6.0.1　SD 法について　154　　6.0.2　評定対象について　155

6.1　問題　156

6.1.1　(1) 問題　156　　6.1.3　(3) 目的　160
6.1.2　(2) 先行研究の概観（研究史）　157　　6.1.4　まとめ（「問題」部分の構成）　160

6.2　方法　161

6.2.1　(1) 予備調査　161　　6.2.4　(4) 評定者　163
6.2.2　(2) 形容詞対の選定　162　　6.2.5　(5) 手続き　163
6.2.3　(3) 評定対象（刺激）　162　　6.2.6　まとめ（「方法」部分の構成）　164

6.3　結果　165

6.3.1　(0) ローデータの整理　165　　6.3.5　(4) 応用　多変量解析：探索的因子分析　172
6.3.2　(1) 記述統計：平均評定値の算出　166　　6.3.6　まとめ（「結果」部分の構成）　177
6.3.3　(2) 図の作成：プロフィール　167
6.3.4　(3) 相関係数：
　　　　　ピアソンの積率相関係数の算出　170

6.4　考察　178

6.4.1　(1) 要約　178　　6.4.4　(4) 今後の課題と研究の限界　180
6.4.2　(2) 結果をどのように説明するか　179　　6.4.5　(5) 結論　181
6.4.3　(3) 先行研究との比較　179　　6.4.6　まとめ（「考察」部分の構成）　181

6.5　引用文献　182

第7章　知覚される表情の強さの予測＆重回帰分析　　長谷川 桐　183

参考論文　「Facial features in perceived intensity of schematic facial expressions」　184

7.0　はじめに（本章のテーマについて）　188

7.1 問題 —————————————————————————————— 189

7.1.1 (1) 問題 ……………………………… 189
7.1.2 (2) 先行研究の概観（研究史）…………… 190
7.1.3 (3) 目的 ……………………………… 193
7.1.4 (4) モデル ……………………………… 193
7.1.5 まとめ（「問題」部分の構成）…………… 194

7.2 方法 —————————————————————————————— 195

7.2.1 (1) 実験参加者 ……………………… 195
7.2.2 (2) 刺激 ………………………………… 196
7.2.3 (3) 器具・装置 ……………………… 196
7.2.4 (4) 手続き ……………………………… 197
7.2.5 まとめ（「方法」部分の構成）…………… 198

7.3 結果 —————————————————————————————— 199

7.3.1 (0) ローデータの整理 ………………… 199
7.3.2 (1) 多変量解析：重回帰分析 ………… 200
7.3.3 (2) 図の作成：パス図 ………………… 205
7.3.4 まとめ（「結果」部分の構成）…………… 207

7.4 考察 —————————————————————————————— 208

7.4.1 (1) 要約 ………………………………… 208
7.4.2 (2) 実験結果をどのように説明するか…… 208
7.4.3 (3) 先行研究との比較 ………………… 209
7.4.4 (4) 今後の課題と研究の限界 …………… 210
7.4.5 (5) 結論 ………………………………… 211
7.4.6 まとめ（「考察」部分の構成）…………… 211

7.5 引用文献 ———————————————————————————— 212

装幀●山崎幹雄デザイン室

参考論文　出典

■第1章

八木 善彦・菊地 正 (2010)，スクロール提示された文章の読み特性　心理学研究, *81*, 388-396.

熊谷 佐紀・小野 史典・福田 廣 (2016)，名前の視覚的処理過程——メンタルローテーション課題を用いた検討——　心理学研究, *87*, 457-462.

自分の名前と熟知性の高い他者の名前に対する角度別の誤反応率 (熊谷・小野・福田, 2016, p.460, Table 2)

自分の名前と他者の名前に対する角度別の平均反応時間 (熊谷・小野・福田, 2016, p.459, Figure 1)

佐々木 真吾・仲 真紀子 (2014)，異なる詳細さで報告するスキルの発達—だいたいと正確—　心理学研究, *84*, 585-595.

色課題の詳細な回答数の平均値 (研究 2) (佐々木・仲, 2014, p.591, Figure 2)

■第2章

Rechard D. Gross. (1990). *Key studies in psychology*. Great Britain : Hodder & Stoughton Ltd.
（リチャード D. グロス. 大山 正・岡本 英一 (監訳) (1993). キースタディーズ心理学　上 (pp.115-130)　新曜社）

■第3章

藤田 正 (2000)，色—語ストループ干渉における反応競合説の検討　奈良教育大学紀要, *49* (1), 167-172.

■第4章

青野 篤子 (1981)，個人空間に及ぼす性と支配性の影響　心理学研究, *52*, 124-127.

■第5章

浜口 惠治 (1981)，ミュラー・リヤー錯視と角度策所為の関係　心理学研究, *49*, 167-172.

■第7章

Hisa Hasegawa, Hideyuki Unuma (2010). *Perceptual and Motor Skills*, 110, 129-149. USA : Ammons Scientific.

第 1 章 論文・レポートの 基本的な構成と書き方

学ぶこと

・論文、レポートの基本的な構成

・文章表現の注意

・引用のしかた

キーワード

認知心理学	目的
方法	結果
考察	段落
トピックセンテンス	
引用文献	検索

本章は、論文やレポートを書くための基礎的な知識を取り上げます。

【概要】
参考論文を参照しながら、具体的にレポートや論文はどのようなものか、レポートの構成、文体と表現、研究の考え方、そして、他の文献からの引用のしかた、の順に説明します。

2 第1章 論文・レポートの基本的な構成と書き方

参考論文の入手先
https://www.jstage.
jst.go.jp/article/jjpsy/
81/4/81_4_388/_
article/-char/ja/

❶最初の段落では、論文のテーマを一般的な言葉で平易に説明しています。論文のテーマは、必要に応じて具体的な例を挙げて読み手にわかるように記述します。ここでは、代表的な研究を数点取り上げています。

❷第2段落では、このテーマには未解決な問題があると主張しています。

❸「いくつかの〜」この部分では、先行研究に触れながら、未解決となっている問題について指摘しています。

❹続いて、この研究の目的が具体的に明示されています。

❺複数の実験や調査を報告する場合、あらかじめ全体の構成を述べておくと見通しが立ちやすくなります。

❻見出しを付けて、目的、方法、結果、考察を記述します。この論文のように、目的には見出しを付けないこともあります。

この論文では、見出しを中央大見出し、横大見出し、横小見出しの3段階に分けています。中央大見出しは、上下を1行あけます。☞本文1.9節

❻実験1の目的が書かれています。

■参考論文

スクロール提示された文章の読み特性
八木 善彦　菊地 正

心理学研究 2010年　第81巻　第4号　pp. 388-396

●論文全体に対する注意点
参考論文は2010年に「心理学研究」に掲載されたものです。したがって、現在の執筆規定（様式）とは異なる部分があるので、注意してください。

❶　スクロール提示法とは、限られたスペースに文字を右から左（あるいは下から上）に移動させることで、文章を提示する情報伝達手段である。狭いスペースに多量の情報を提示できる利便性から、近年では電車内や街頭等、様々な空間で利用されている。同時に、この手段は注意や文章理解といった視覚情報処理研究場面においても、有効なツールとして注目を集めてきた（Beckmann & Legge, 1996; Legge, Ross, Maxwell, & Luebker, 1989; 森田・八木・菊地・椎名, 2007; 椎名, 2004; 苧坂・小田, 1991; Rayner, 1984; Saida & Ikeda, 1979）。

❷　研究室内外における需要の拡大とは対照的に、スクロール提示法に関する心理学的知見は未だ十分に蓄積されていない。スクロール提示法には、通常の静止提示法とは異なる二つの特異な変数が存在する。一つは、表示枠内に同時に表示可能な最大文字数（表示文字数）であり、もう一つはテキストを移動させる速度（スクロール速度）である。これら変数を体系的に操作し、スクロール文章に対する観察者の印象や読みの理解度を測定した心理学的研究はこれ

❸までほとんど行われていない。いくつかの先行研究では、異なる表示文字数状況において、観察者が快適と感じるスクロール速度（快適速度）を記述しているが（中條・納富・石田, 1993; 森田他, 2007）、現実とは異なるスクロール表現技法が用いられているか、二重課題状況での測定となっているため、解釈が困難となっている。したがって、観察者にとって読みやすいスクロール提示環境とはどのようなものかという根源的な問題は、未だ解決されていない。

------------------------ （中略） ------------------------

❹　本研究の第一の目的は、観察者が快適と感じるスクロール速度を表示文字数の関数として記述することであった。快適速度と表示文字数の間の関数関係の記述は、研究室内外において利用可能な基盤的知見を提供する。本研究の第二の目的は、快適速度がもつ情報処理的性質を明らかにすることであった。観察者が特定の速度を快適と報告する原因の一端を明らかにすることで、個々の状況により即した環境設定が可能となる。

❺　これら二つの目的のため、本研究では一つの調査と四つの実験が行われた。実験の開始に先立ち、我々は現実場面において実際に用いられているスクロール提示装置の表示文字数とスクロール速度を調査した。続いて実験1では、異なる表示文字数状況において快適速度が測定され、両者の関数関係が記述された。実験2および実験3では、実験1で得られた知見を基に、快適速度で提示されたスクロール文章に対する理解度がエラー検出課題によって調べられた。また、実験4では、スクロール文章を観察する際の参加者の印象が、異なるスクロール速度および表示文字数状況において調べられた。

------------------------ （中略） ------------------------

❻　　　　　　　　実　験　1

　実験1の目的は、スクロール提示法における表示文字数と快適速度の関数関係を記述することであった。この目的のために、様々な表示文字数条件において文章がスクロール提示された。

------------------------ （中略） ------------------------

❼方法

参加者　大学生・大学院生 14 名（男性 9 名,女性 5 名,平均年齢 20.9 歳）が実験に参加した。

装置　刺激は 21 インチディスプレイ（SONY社製 GDM-F500R）に提示され,視覚刺激提示装置（Cambridge Research Systems 社製VSG2/5）を内蔵したパーソナルコンピュータ（DELL 社製 OptiPlex GX200）によって制御された。

----------------（中略）----------------

刺激　表示文字数は,1, 2, 3, 5, 7, 10, 15文字の 7 条件が用いられた。スクロール文章は,黒色背景（1.8 cd/ m²）の中央に提示された灰色（30.5 cd/ m²）の表示枠の中に,白色（119.7 cd/ m²）で提示された。

----------------（中略）----------------

手続き　試行はキー押しを求めるメッセージの提示により開始された。参加者が 0 キーを押した直後,ディスプレイ中央に表示枠が提示され,文章のスクロールが開始された。参加者の課題は,

----------------（中略）----------------

デザイン　実験 1 では,文字サイズ 2 条件（大文字,小文字）× 表示文字数 7 条件（1, 2, 3,5, 7, 10, 15 文字）× 初期速度 2 条件（625 文字 /m、83 文字 / m）の 28 条件が設定された。

❽結果と考察

文字サイズと表示文字数の関数としての平均快適速度を Figure 1（省略）に示した。快適速度に関して,文字サイズと表示文字数を要因とする 2 要因の分散分析を行った結果,表示文字数の主効果が有意であり（$F(6,78) = 123.59$, $p < .01$）,文字サイズの主効果は認められなかった。

----------------（中略）----------------

表示文字数に伴う快適速度の増加傾向とは対照的に,表示文字サイズが快適速度に及ぼす影響はほとんど認められなかった。特に,表示文字数 3 ― 10 文字においては,小文字条件と大

文字条件の快適速度はほぼ同一であった。

----------------（中略）----------------

全体的考察

❾　本研究の目的は,スクロール提示法における表示文字数と快適速度の関数関係を同定し,快適速度がもつ情報処理的性質を明らかにすることであった。この目的のために,本研究では一つの調査と四つの実験が行われた。

----------------（中略）----------------

❿　本研究では,エラー検出課題を用いることにより,快適速度の情報処理的性質に関する検討を可能とした。しかし一方で,この課題の使用により,本研究における「文章の意味的理解」が一般的定義と乖離する可能性については明記すべきであると考えられる。

----------------（中略）----------------

スクロール提示法は,研究室内外において,その需要が今後も拡大を続けるメディアであろう。その一方で,この提示法に関する心理学的知見は未だ十分ではない。対象となる観察者が限定されない現実場面を想定すれば,本研究と同様の検討が様々な年代の観察者に対して行われるべきであるのかもしれない。

----------------（中略）----------------

⓫　引用文献

----------------（中略）----------------

中條 和光・納富 一宏・石田 敏郎（1993）.　横スクロール表示の読みの速度に及ぼす文字数の効果　心理学研究, 64, 360-368.

----------------（中略）----------------

河村 満・溝渕 淳（1998）.　読みの脳内機構　苧坂直行（編）　読み――脳と心の情報処理――　朝倉書店　pp. 185-208.

----------------（以下省略）----------------

---

❼方法
実験 1 の方法が書かれています。方法は過去形で書きます。

❼装置
使用した装置のメーカー、型式などを記載します。

❼刺激
実験に関わる刺激の特性が記述されています。ここでは、文字数、視覚刺激の明るさ（cd/m²）、などが記載されています。

❼デザイン
実験計画あるいは、単に計画と書くこともあります。要因と水準、被験者間と被験者内の別、などを記載します。

❽この部分は結果と考察が短いので一緒の見出しで書かれています。

結果には、得られた事実を「過去形」で書きます。

❽「表示文字数に〜」ここまで、実験 1 の結果が書かれています。

❾複数の実験が行われた場合、本文の最後にここまでの調査や実験をまとめて、全体的な考察と結論を書きます。

❿最後に、この研究の問題点や一般化できる範囲、今後の展望や課題などを記述します。

⓫本文で引用した文献を「引用文献」として、リストにして示します。書き方に注意が必要です。一つの文献が 2 行以上にわたるときには、2 行目以降は行頭を下げます。なお、参考論文は、現在の日本心理学会の規定とは異なります。☞本文 1.7.2 項

1.0　はじめに（本章のテーマについて）

1.0.1　論文、レポートとは

　この章は、心理学の研究において、実験や観察に基づいてわかりやすいレポートや論文を書くための基礎を解説します。心理学で求められるレポートや論文は、事実についての資料、データを基にして、そこで問題となっている事柄について、実証的に、そして論理的な説明をおこなうために書かれるものです。これは、医学や物理学などの自然科学や、経済学、社会学、教育学などの社会科学の場合も同じです。

　そのためには、これから述べるように、レポートや論文を書く目的にそって、資料・データを整理して、内容をわかりやく読み手に伝える必要があります。

1.0.2　論文、レポートの構成

　わかりやすいレポートや論文を書くためには、論文全体の構成を誰もが理解しやすいようにすることが求められます。

　論理的な文章の構成として、一般によく知られているのは、「序論」「本論」「結論」の三つの部分から成り立っているものです。これに対して、心理学などの科学的な論文やレポートでは、多くが「**問題（あるいは目的）**」「**方法**」「**結果**」「**考察**」の四つの部分から構成されています。その理由は、科学的な研究では、資料やデータを根拠としたうえで、論理的に文章を書くことが求められているからです。

　最初の「問題」の部分では、論文全体が何を問題としているのか、何を明らかにしようとするのかを述べます。「方法」では、データを収集した方法について記述し、「結果」では、どのようなデータが得られたのか、読み手にわかりやすくまとめます。この得られた「結果」を基にして、「考察」では、結果が何を意味しているのか、またなぜそのような結果が得られたのか、が論じられます。

1.0.3　論文、レポートの文体と表現

　先の参考論文の冒頭から、一つの段落を取り上げ、文体と表現を見てみましょう。段落は、文頭を1字下げて、見やすく構成されています。

> **Check it!** **参考論文❷の文体と表現を確認してみよう。**

> **参考論文❷** ①研究室内外における需要の拡大とは対照的に，スクロール提示法に関する心理学的知見は未だ十分に蓄積されていない。------（中略）------②したがって，観察者にとって読みやすいスクロール提示環境とはどのようなものかという根源的な問題は，未だ解決されていない。

　この文章では、段落の最初の文章（①）が段落全体の内容を要約しています。このような文章を**トピックセンテンス**といいます。トピックセンテンスに続く文章は、トピックセンテンスの内容を具体的に補いながら、理由、具体例、根拠などを示しています。段落の最後で、この段落の主張をもう一度、結論として述べています（②）。

　トピックセンテンスは、通常、段落の最初におかれます。トピックセンテンスがない、あるいは段落の最後にある場合は、全体として何を言おうとしているのかがわかりづらくなります。また、いくつかの段落からなる文章を読むときは、各段落のトピックセンテンスを拾っていくと、全体の流れがつかみやすくなります。一方、文章を書く場合は、自分が書いた文章の各段落の最初を拾い読みしてみて、全体が適切に構成されていることを確認します。

　一つの段落は、トピックセンテンスで示した一つの内容だけで構成します。参考論文❷の文章のように、「二つの変数」の存在が問題ならば、「一つは」「もう一つは」などとして、一つの段落の中で二つの変数について取り上げます。トピックセンテンスで触れていないことや、異なる内容に触れたい場合には、別の段落を作って新たなトピックセンテンスを示します。

　段落の中では、論の展開にそって、「例えば、」「したがって、」などの接続詞を適切に使うことも大切です。読み手は、接続詞を手がかりにその段落や、段落間の関係を理解することになります。一つの段落は、短すぎても内容が不十分で、長すぎても理解しづらくなります。レポートや論文で、一つの段落が1ページを超えていれば、とても読みづらくなるでしょう。その場合には内容を整理して、いくつかの段落に分け直してください。

1.0.4 「剽窃」ということ

　論文やレポートは、オリジナルの事実や意見、考察が示されていることに価値があります。したがって、他の人が書いたことを無断で引き写したり、あたかも自分が見つけたことや自分の意見のように書くことは禁じられています。そのような行為は「剽窃」と呼ばれ、厳しく扱われます。試験のカンニングと同様です。このようなことから、他の人の意見や論文を引用する際には、十分な配慮が求められます。

　近年、コンピュータやインターネットの普及で、他の文献などから簡単にコピー＆ペーストが可能になり、剽窃の危険が増しています。これを受けて、学会や大学でも厳しい対応が行われています。実際に、他の論文やレポートとの類似の程度を判断する技術も開発されており、その結果をもとに剽窃と判断されることもあります。そのようなことにならないように、適切な引用を心がけてください。たとえまだ稚拙であっても、皆さんのオリジナルの論文、レポートにこそ価値があるのです。引用のしかたについては、1.7 節で解説します。

＊＊＊

　それでは、参考論文を見ながら、どのように書かれているのかを具体例をもって説明していきましょう。ここで取り上げた論文は、街頭などでよく見かけるスクロール提示を使って文字列を提示したときの、観察者の理解度を測定した認知心理学の論文です。

スクロール提示
電光掲示板にニュースなどが流れるように、文字を移動させながら提示する方法のこと。

　参考論文のように、論文やレポートでは、全体を「問題（目的）」「方法」「結果」「考察」に分けて書くことが一般的です。また、卒業論文などの長い論文では、全体が複数の実験や調査からなっている場合もあり、その場合には、実験1、2、3、などとし、実験ごとに目的、方法、結果、考察を記述します。「方法」と「結果」の部分は、実際に行われたことの報告ですから、過去形で書かれます。「問題」や「考察」の部分では、事実と意見（考察）を区別しながら、論理的に文章を組み立てることが大切になります。以下、基本的な構成にしたがって、各項目のまとめ方を解説していきます。

1.1 　題目

　論文やレポートの題目は、その内容を簡潔に読み手に伝えるためのものです。そのためには、題目から実験の目的がわかる必要があります。さらに、以後述べる独立変数と従属変数が含まれていると読み手は内容を理解しやすくなります。

　参考論文の題目は「スクロール提示された文章の読み特性」でした。「スクロール提示」という提示方法を実験的に操作して、「文章の読み」を測定したことがわかります。つまり、独立変数が「スクロール提示された文章」で、従属変数が「その文章を読むこと」であったことが題目に示されています。題目が簡潔であるために、その長さは30文字程度までにすることが望ましいでしょう。

1.2 　問題

　「問題」の部分は、その論文やレポートが取り上げるテーマについて、読み手に具体的に理解してもらうためのものです。見出しとして、「問題」や「目的」という言葉が使われないこともあります。

　「問題」にあたる部分は、（1）テーマの一般的な説明、（2）この論文が取り上げる問題の概要、（3）これまでの研究（先行研究）、そして（4）検討される具体的な問題（目的）を、この順序で記述します。それぞれの部分は段落を分けて、必要なことだけに絞って書かれる必要があります。

1.2.1 　（1）テーマの一般的な説明

　論文やレポートの書き出しは、論文の題目の含まれているようなキーワード（例えば、参考論文の「スクロール提示」）を中心に、論文のテーマをはじめて読む人にもわかるように説明します。

Check it!	参考論文❶で、テーマの説明がどのように書かれているか、確認しよう。

> **参考論文❶**　スクロール提示法とは，限られたスペースに文字を右から左（あるいは下から上）に移動させることで，文章を提示する情報伝達手段である。

1.2.2 （2）この論文が取り上げる問題の概要

　この論文が取り上げる問題の概要を記述します。「問題」全体は、（1）から（4）へと、しだいに内容が絞り込まれていくように書いていきます。

> **Check it!**　参考論文❷で、この論文が取り上げる問題の概要部分を確認しよう。
>
> **参考論文❷**　研究室内外における需要の拡大とは対照的に，スクロール提示法に関する心理学的知見は未だ十分に蓄積されていない。------（中略）------ほとんど行われていない。

1.2.3 （3）先行研究

　次に、この論文が取り上げる問題に直接関連する先行研究についてふれます。文献の探し方は、1.6 節を参照してください。

> **Check it!**　参考論文❸では、関連する先行研究の問題点を指摘しています。
>
> **参考論文❸**　いくつかの先行研究では，異なる表示文字数状況において，観察者が快適と感じるスクロール速度（快適速度）を記述しているが（中條・納富・石田，1993；森田他，2007），現実とは異なるスクロール表現技法が用いられているか，二重課題状況での測定となっているため，解釈が困難となっている。
>
>
>
> 　今回の研究で取り上げる問題に直接関連することに絞って、先行研究を引用していることに注目しよう。

1.2.4 （4）目的

　先行研究の問題点をふまえて、今回の実験の目的について具体的に示します。

> **Check it!**　参考論文❹で、目的と意義が具体的に示されていることを確認しよう。
>
> **参考論文❹**　本研究の第一の目的は，観察者が快適と感じるスクロール速度を表示文字数の関数として記述することであった。快適速度と表示文字数の間の関数関係の記述は，研究室内外において利用可能な基盤的知見を提供する。

1.2.5 （5）仮説

　「（4）目的」に加えて、研究の**仮説**を明示することがあります。特に、具体的な仮説がある場合は、その仮説を研究で取り上げる具体的な「変数」で置き換えるのが一般的です。参考論文では、観察者による文章の理解度を測定しています。これを**従属変数**といいます。一方で、実験者が文章を提示する速度を操作して、速度が観察者の理解度（従属変数）に影響を与えるかどうかを実験で検討する場合を考えます。このとき、操作される提示速度のことを**独立変数**と呼びます。

　仮説を明示するならば、たとえば「文章を提示する速度は、観察者の文章の理解度に影響を与えるであろう」、あるいは「文章を提示する速度が増加すれば、観察者の文章の理解度は低下するであろう」という、独立変数と従属変数の関係を示す形式で書かれることになるでしょう。別の言い方をすれば、実験条件と予測される結果の関係を述べるということです。仮説は、理論が未完成の段階で、研究者が考えた「仮の説明」です。したがって、これから行われる実験や観察、調査によって検証される必要があります。

　では、仮説はどのようにして立てられるのでしょうか。日常生活の中で、研究者の問題意識から仮説が生まれることもあるでしょう。例えば、「どのようにしたら文字が読みやすくなるだろうか」という問題意識から、これまでの研究を根拠として、「文字数と提示される文字の速度が、文章の理解を決定するだろう」という仮説が立てられるかもしれません。これに対して、これまでの研究論文を調べて、問題意識に近い研究テーマや仮説が取り上げられている研究に出会うかもしれません。その論文ではまだ十分に検討されていない変数について、新たに仮説を立てる必要があると考えることもあるでしょう。

　いずれにしても、仮説は自分の思い込みや憶測ではなく、根拠をふまえて論理的に立てられなければなりません。

10 第1章 論文・レポートの基本的な構成と書き方

1.3 方法

　「方法」では、研究者が目的に掲げたことを検討するために用いた方法についてまとめます。ポイントは、第三者が実験を再現できるように書くことです。そのためには一般に、（1）実験参加者、（2）装置、（3）刺激、（4）手続き、（5）実験計画（デザイン）、に分けて記述します。それぞれは、小見出しを付けて書いていきます（参考論文を参照）。

　それぞれの項目は、箇条書きではなく文章で書きます。また、この「方法」の部分はすでに行った方法の記述ですから、過去形で書くことになります。ただし、図表を引用するときは、「〇〇を図1に示す。」のように現在形を使う場合もあります。なお、次の「結果」も同様に過去形が原則です。

1.3.1 （1）実験参加者

　実験の内容に関わると思われる参加者の属性を記述します。調査では「調査対象者」とすることもあります。参考論文❼では、実験の中で観察者として刺激を観察した参加者の人数、性別、平均年齢が記述されています。一般に、その実験の結果に影響を与えると考えられる、その他の属性も書く必要があるでしょう。テーマ別に何を書くかは、本書の第2章以降を参考にしてください。

1.3.2 （2）装置・器具

　実験で何らかの装置を使った場合、それを記載して第三者が再検証できるようにします。同じ装置を使うことがないと思われる場合でも、実験の客観性、再現性を保つために必要なことを判断して書いておきます。「装置・器具」には、機材の型式、メーカーなどの具体的な情報を記載します。参考論文❼で、装置がどのように記述されているか確認しましょう。

1.3.3 （3）刺激

　参考論文は認知心理学の実験で、視覚刺激を観察者に提示する研究でした。したがって視覚刺激を記載しておくことが必要です。刺激のどのような属性（例えば、大きさ、明るさ、など）が記載されるかは、実験の内容によります。それぞれ、必要に応

じて適切な単位を付けて記述します。参考論文❼で、刺激がどのように記述されているか確認しましょう。

1.3.4 （4）手続き

実験参加者が実際に行った手順にしたがって、具体的な手続きを記述します。「参加者に求められた課題は何だったのか」を書いてください。また、実験参加者に与えられた教示も簡潔に記述します。参考論文❼で、手続きがどのように記述されているか確認しましょう。

1.3.5 （5）実験計画（デザイン）

実験全体の計画（デザイン）については、別に小見出しを付けて、実験で取り上げられる要因と、その水準、さらにそれらの組み合わせについて記載します。

例えば、複数の実験要因の組み合わせ（文字の大きさ２水準×文字数７水準、など）で、全体でいくつの条件があったのか、あるいは各要因は被験者内要因なのか、被験者間要因なのか、などを記述します。すべての水準に同一の被験者が参加している実験要因は「被験者内要因」、各水準に異なる被験者が参加していればその要因は「被験者間要因」と呼ばれます。従属変数（測度）についてもふれることがあります。参考論文❼で、実験計画（デザイン）がどのように記述されているか確認しましょう。

このほかに、特別なデータ分析の方法を用いている場合には、「分析方法」などの小見出しを付けて記載します。

1.4　結果

「結果」の部分は、実験の目的に照らして重要な結果を簡潔に記述します。まず何をどのように整理したのか、例えばどのような測定値を、どの条件別にまとめたのかを述べます。その結果をまず文章で、そして必要ならば図表を交えて記述します。学生のレポートでは、しばしば図表のみの結果が載せられていることがありますが、まず文章で結果の要点を述べなければなりません。

12　第1章　論文・レポートの基本的な構成と書き方

　また、文章か、図表のいずれかに代表値などが記載してあれば、文と図表で同じ数値をすべて重複して記載する必要はありません。「結果」は、「方法」と同様に過去形で書くことが原則です。

　ここでは、図表を作る際の一般的な注意点を挙げておきます。細部については、第3章、第5章にあるチェックリスト【作図】【作表】を参照してください。

〈図表を作る際の一般的な注意点〉

1．結果の概要は必須ですが、図表は必ずしも必要とされません。
　　図表がある場合には、例えば、「○○の平均値を Figure 1 に示す。」などのように本文中で言及する必要があります。

2．同一の内容を図と表に示すことは無駄になります。
　　作る場合は、図か表のいずれか一方にします。

3．初学者が図表で忘れがちなことに、数値の単位があります。
　　単位がある数値は必ず図表に単位を付記します。

4．図や表には、必ずタイトル（題目）を付けます。
　　タイトルは、それだけで図や表の内容がある程度わかるように付けます。
　　タイトルは図では図の下に、表では表の上に付けます。

Check it!　参考論文❽で、実験の結果がどのように書かれているか確認しよう。

参考論文❽

**　結果と考察**

　文字サイズと表示文字数の関数としての平均快適速度を Figure 1（省略）に示した。快適速度に関して，文字サイズと表示文字数を要因とする2要因の分散分析を行った結果，表示文字数の主効果が有意であり（$F(6,78)=123.59, p<.01$），文字サイズの主効果は認められなかった。

---------- （中略） ----------

　表示文字数に伴う快適速度の増加傾向とは対照的に，表示文字サイズが快適速度に及ぼす影響はほとんど認められなかった。特に，表示文字数3－10文字においては，小文字条件と大文字条件の快適速度はほぼ同一であった。

統計的な検定の結果があれば、（　）内に併せて記載します。

この論文では、「結果と考察」のように、「結果」と「考察」が一緒の見出しになっていますが、通常は別に書かれます。ここに示したのは結果にあたる部分で、図（Figure）に言及しながら、結果の要点と統計的な分析の結果が記載されています。

図は Figure、表は Table と英語で表記することが求められることもあります。図と表は別に通し番号を付け、さらに題目を付けるようにします。

本書でも英語表記としています。

1.5　図表の作り方

1.5.1　表の作り方

Table 1-1 は、結果の部分でデータの分析結果を表にまとめた例です。表番号（Table 2）の下、表の上に表のタイトルを付けます。横の罫線は必要最小限とし、縦の罫線はできるだけ省きます。表中の数字は有効桁をそろえます。この例では数値に単位はありませんが、単位がある場合は忘れず付けるようにしましょう。

初心者はよく単位を忘れがちです。注意しましょう。

Table 1-1.
結果に掲載された表（Table）の例
（熊谷・小野・福田，2016, p. 460, Table 2）。

Table 2
自分の名前と熟知性の高い他者の名前に対する
角度別の誤反応率

	回転角度				
	0°	45°	90°	135°	180°
他者の名前	3.33	3.61	3.89	3.06	7.22
	(3.24)	(2.50)	(3.56)	(3.82)	(7.88)
自分の名前	5.00	6.67	3.33	5.00	6.67
	(7.64)	(8.16)	(6.67)	(10.67)	(11.06)

注）（　）内は標準偏差を示す。

1.5.2　図の作り方

Figure 1-1 は、結果を図にまとめた例です。タイトルは、図の下に付けます。図は、統計的な結果をグラフにしたり、「方法」の部分で刺激材料を視覚的に示したりするときに用いられます。

横軸と縦軸があるグラフの場合、それぞれの軸が何を表すのかを記述します。下のFigure 1-1の例では、横軸は「回転角度」という独立変数を表し、単位は（°）としています。縦軸は「平均反応時間」という従属変数で、単位は（ms）つまりミリ秒です。なお、ここに示したグラフの折れ線は、角度条件ごとの平均反応時間を結んだものです。各平均値の上下に付けられたバーはエラーバーと呼ばれ、平均値±1標準誤差、つまり誤差の範囲を表しています。

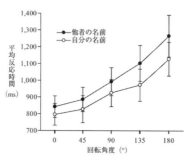

Figure 1-1. 結果に掲載された独立変数が比率尺度の場合の図（Figure）の例（熊谷・小野・福田，2016, p.459, Figure 1）。

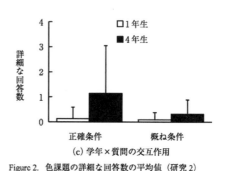

Figure 1-2. 結果に掲載された独立変数が名義尺度の場合の図（Figure）の例（佐々木・仲，2014, p.591, Figure 2）。

独立変数が名義尺度の場合は、折れ線グラフではなく、棒グラフを作成します（Figure 1-2）。これは、名義尺度には間隔や順序がないので、折れ線グラフで一定の間隔と順序を表現することが不適切であるからです。なお、横軸の独立変数が間隔尺度や比率尺度のときには、棒グラフでも折れ線グラフでもかまいません。

図や表は、主に「結果」の部分で作られますが、「方法」の部分で刺激や手続きを図で示すこともあります。

1.6　考察

1.6.1　考察に書くこと

参考論文は、各実験の分量が少ないため、結果と考察を「結果と考察」という一つの見出しでまとめています。しかし、一般的に結果と考察は分けて書きます。

「考察」では、次のような内容を順に記載します。

（1）まず、実験の目的と結果の概要を簡単にまとめます。
　　　そのうえで、仮説があるならば、その仮説が支持されたのかどうかを述べます。
（2）今回の結果がどのように説明されるのかを考察します。
　　　ここでは、論文で取り上げるテーマについて理論的な説明が試みられます。
（3）今回の結果を先行研究と比較します。
　　　先行研究との一致点と差異が明らかになるように記述します。
（4）今回の実験の結果について、一般性があると言えるのか、あるいは研究方法の
　　　限界や適用範囲、残された問題などを考察します。
（5）最後に、今回の研究の要点、意義などを簡潔に書いて結論とします。

1.6.2　何を考察するか

　実験の結果、予測された結果が得られた場合、すぐに「仮説が支持された」と言い
たくなるものですが、結果の解釈は慎重に行われなければなりません。実験を計画す
る段階で想定した変数以外が従属変数に影響を与えていないか、が慎重に吟味された
後で、はじめて仮説に述べられた独立変数と従属変数の関係が支持されることになる
のです。
　独立変数以外に従属変数に影響を与えた可能性のある変数を**剰余変数**といいます。
つまり考察では、想定された独立変数による説明（仮説）以外の変数（剰余変数）に
よる説明の可能性が吟味され、排除される必要があるのです。
　また、「考察」の部分では、これまでの先行研究と比較しながら、仮説がどこまで
一般的な説明として受け入れられるかについても論じます。一つの実験の結果は、あ
くまで限られた条件のもとで得られたものですから、その結果がどの程度一般性を持
っているのかは、他の研究と比較して明らかになります。
　このように、総合的に考察するためには、今回の実験に関連する先行研究を調べる
ことが求められるわけです。そこで、次の 1.7、1.8 節では、先行研究を調べる方法
として、具体的な文献の調べ方の概略と論文・レポートへの引用のしかたを説明しま
しょう。

16　第1章　論文・レポートの基本的な構成と書き方

1.7　文献の検索方法（関連する文献をどのように探すか）

1.7.1　本を使った検索方法

　自分が取り上げようとしているテーマに関連する文献を探す方法はいくつかあります。まず、研究テーマが本や授業で知ったものであれば、その本や授業の中で、そのテーマに関連する文献が紹介されているはずです。

　本の場合には、巻末に引用文献や参考文献のリストが掲載されていることがあります。そこに掲載された文献にも関連するテーマの文献が紹介されていれば、さらに多くの文献を探す手がかりとなります。

　研究テーマが、日常的な経験や観察に基づく場合は、そのテーマや問題が本の中ではどのような言葉（用語）で取り上げられているのか、目次や索引で調べてみます。当てはまる用語が見つからなければ、当てはまりそうなキーワードを考えて、インターネットで検索するのも一つの方法です。

　学会誌や文献データベースを使うと、効率的に文献検索ができます。

1.7.2　学会誌

　専門性の高い研究論文は、定期的に発行される学会誌などの学術雑誌をあたるとよいでしょう。代表的なものであれば、バックナンバーとして図書館などに所蔵されています。学会が定期的に発行する学会誌は、一般に十数本程度の研究論文が毎号掲載されています。その中には、個々の研究者のオリジナルデータをもとにした研究論文（原著論文）や、理論的な総括や提案を行う展望論文があります。学会誌の内容や、目次、あるいは本文は、学会のホームページなどで確認することができるでしょう。心理学の分野の代表的な学術雑誌を以下に挙げておきます。

・**心理学研究**
　日本心理学会が刊行する学会誌です。心理学のすべての分野の論文が掲載されています。
・**教育心理学研究**
　日本心理学会とともに歴史が古い日本教育心理学会の学会誌です。
・**心理学評論**
　展望論文を取り上げる雑誌。様々な研究テーマの特集論文もあります。

- **Psychological Review**
  アメリカ心理学会（APA）の定評ある展望論文雑誌です。
- **Journal of Experimental Psychology: General**
  アメリカ心理学会の実験心理学分野の代表的な学術雑誌です。

1.7.3　文献データベース

　専門的な研究論文を直接探す方法には、文献のデータベースを利用する方法も有効です。心理学では近年様々なデータベースが利用可能になっており、自分で論文やレポートを書く際にも、このようなデータベースを活用することによって、効率的で総合的な文献検索ができるでしょう。

- **J-stage**（https://www.jstage.jst.go.jp/browse/-char/ja/）
  日本語論文の検索には、J-STAGE（科学技術情報発信・流通総合システム）が使われることが増えています。科学技術振興機構（JST）が構築した科学技術研究の発信を支援するためのシステムで、心理学の学会で最も大きく、かつ歴史のある日本心理学会が発行している「心理学研究」を無料で読むことができます。

- **「心理学研究」掲載予定論文の早期公開**（雑誌発行前の論文が公開されています）
  （https://www.jstage.jst.go.jp/browse/jjpsy/-char/ja/）

　このほかに、心理学関連では、教育心理学研究、社会心理学研究、実験社会心理学研究等が、無料で全文公開されています。

- **CiNii（NII 学術情報ナビゲータ：サイニィ）**（http://ci.nii.ac.jp）
  国立情報学研究所による日本国内の学術雑誌のデータベース。
  一部の学会誌論文、大学発行の研究紀要論文が公開されています。
- **Medline**（https://www.nlm.nih.gov/）
  国際的な医学生物学系のデータベース。心理学研究などの日本語（本文）の心理学論文も、要約部分（abstract）が登録されているので検索できます。
- **PubMed**（https://www.ncbi.nlm.nih.gov/pubmed/）
  Medline などを利用するための検索サイト。関連論文も表示するので便利。

　このほかに、研究者が個人のサイトで研究教育利用に限って論文の pdf を公開していることもあります。インターネットで論文名や、著者名で検索してみると、最近

掲載の URL はこの本の発行時点のものです。URL は予告なく変更されることがあります。

の論文が手軽に見つかることも増えています。また、図書館は、探している文献が見つからない場合に、探すための相談に乗ってくれます。図書館にリファレンス・カウンターがある場合には、どこの図書館にその文献があるかを調べ、取り寄せる方法を教えてくれることもあります。なお、国会図書館のデータベースでは、文献を検索して直接読む方法もあります。国内で出版された本、雑誌は収蔵されていますので、利用するのも有効です。

1.7.4　インターネット資料の引用

　近年は、インターネット上の情報を文献として引用する例が見られるようになってきました。この場合には、いくつか注意が必要です。

　まず、著者が明らかでない情報を引用してはいけません。例えば、ウィキペディアは著者が不明であることから、論文やレポートで使用することはできません。同様に、個人が匿名で作っているサイトなども、論文中で事実の根拠として引用するには適切ではありません。

　一方、近年増えてきた電子雑誌（学術雑誌がインターネット上で公開されているもの）は、引用のしかたに注意して引用します。日本心理学会では以下のような引用を求めています。

> （著者名），（公開年），（表題），（ウェブサイト名），（Retrieved from URL），（アクセス年月日）

この引用のしかたにしたがって記載すると、次のようになります。

> 公益社団法人日本心理学会（2014）．論文を投稿される方　公益社団法人日本心理学会　Retrieved from http://www.psych.or.jp/publication/paper.html#ronbun01　（2014年12月3日）

　URLのみを記載するのではなく、著者（あるいは、機関、団体名）、年号、題目、団体名、を示したうえで、URLと検索した日付を付けます。

インターネット資料の引用（オンライン資料の引用）☞日本心理学会「2015年改訂版執筆・投稿の手びき」（p.46）
http://www.psych.or.jp/publication/inst.html

1.8 文献引用のしかた

1.8.1 引用のしかた

参考論文を見ながら、本文中に文献を引用する際の注意点を見てみましょう。

| Check it! | **参考論文❸で本文引用のしかたを見てみよう。** |

参考論文❸ いくつかの先行研究では，異なる表示文字数状況において，観察者が快適と感じるスクロール速度（快適速度）を記述しているが（中條・納富・石田，1993；森田他，2007），……。

　論文で、あることを述べるときには、その根拠を示す必要があります。参考論文❸では、先行研究にある事実が示されていると述べていますから、その出典を示す必要があるのです。ここでは、「（ ）」内に著書名を並べ、文献の刊行年を加えています。

　複数の文献は「；」（セミコロン）でつなぎます。一般に、著者名と刊行年を書き、本文中で最初に引用した際にはすべての著者を並べるのが原則です。２度目以降は、著者が多い場合（３〜５名）には第１著者のみ書いて、他の著者は「他」とします。６名以上の著者がいる場合は、最初から第１著者のみ書いて他の著者は「他」とします。詳しくは、下記の日本心理学会のサイトを参考にしてください。

日本心理学会　執筆・投稿の手びき（本文 p.31 〜 32）
http://www.psych.or.jp/publication/inst.html

引用のしかた☞日本心理学会「2015年改訂版 執筆・投稿の手びき」（p.31〜32）

1.8.2 引用文献リストの作成

　本文中で引用された文献は、論文やレポートの最後に「引用文献」という見出しで一括して掲載します。引用文献に載せる情報や、その並べ方にはルールがあります。このルールは、学問分野や学会によって異なることがあります。ここでは心理学におけるルールを、先に示した日本心理学会の指定にしたがって示します。

　各文献は、**著者名、刊行年、題目、雑誌名**などを含んでいる必要があります。例を挙げて見てみましょう。雑誌の場合には**巻号**（64）、**ページ番号の最初と最後**（360-368）を加えます。

20 第1章 論文・レポートの基本的な構成と書き方

注）「Check it!」では、説明のため参考論文の記述を「心理学研究」の現在の規定に合わせて変更しています（以下同）。章の初めの引用部分は、当時の執筆規定のまま掲載しています。

| Check it! | 参考論文⓫で、雑誌に掲載された文献の引用方法を見てみよう。 |

参考論文⓫

中條 和光・納富 一宏・石田 敏郎（1993）．横スクロール表示の読みの速度に及ぼす文字数の効果　心理学研究, *64*, 360-368。

また、本を引用する場合は、**出版社**の名称を加えます。本の一部、特定の章を引用する際は、pp. として最初のページと最後のページを記して、引用の範囲を明らかにします。詳しくは先に示した日本心理学会のサイトにある執筆・投稿の手びき（p.40 〜 47）を参考にしてください。

引用のしかた☞日本心理学会「2015 年改訂版 執筆・投稿の手びき」(p.40 〜 47) http://www.psych.or.jp/publication/inst.html

| Check it! | 参考論文⓫で、書籍に掲載された文献の引用方法を見てみよう。 |

参考論文⓫

河村 満・溝渕 淳（1998）．読みの脳内機構　苧坂直行（編）読み——脳と心の情報処理——（pp. 185-208）　朝倉書店

1.9　見出し、小見出し

論文やレポートの原稿を最終的にまとめるときには、見出しや小見出しを付けて読みやすくします。

| Check it! | 参考論文❻で、見出しがどのように付けられているか確認しよう。 |

参考論文❻

（1）中央見出し

実験1[(1)]

実験1の目的は，スクロール提示法における表示文字数と快適速度の関数関係を記述することであった。この目的のために，様々な表示文字数条件において文章がスクロール提示された。

----------------------- （中略）-----------------------

（2）横大見出し

方法[(2)]

（3）横小見出し

参加者[(3)]　大学生・大学院生 14 名（男性 9 名，女性 5 名，平均年齢 20.9 歳）が実験に参加した。

見出しは、一般に「中央大見出し」「横大見出し」「横小見出し」の三つが使われます（日本心理学会（2015））。

> （1）中央大見出し：行の中央におき，その上下は1行あける。
> （2）横大見出し：1行あけ左端から書き，本文は改行して始める。
> （3）横小見出し：行をあけず，左端から全角1文字あけて書き，本文は1文字あけて続ける。

参考論文では、複数の実験が行われていたため、中央大見出しとして「実験1」がおかれています。「目的」にあたる見出しは慣例で省略されています。「方法」は左端に寄せた横大見出しになっています。さらに、方法の中の「参加者」「装置」などは、横小見出しにされています。

このような3段階の見出しの使用は、相対的なものです。行った実験が一つの場合には、「目的」「方法」「結果」「考察」「引用文献」が中央大見出しとしておかれることが多くなります。この場合、「方法」の中の「実験参加者」「装置」などは横大見出しになるでしょう。

見出しについて☞日本心理学会「2015年改訂版 執筆・投稿の手びき」（p. 26）
http://www.psych.or.jp/publication/inst.html

22 第1章 論文・レポートの基本的な構成と書き方

1.10 レポート提出前のチェックリスト

　論文やレポートを提出する前に、以下のテンプレートで必要事項をチェックしてみましょう。第2章以降で、様々なテーマや分析方法に応じた論文・レポートの作成方法を取り上げます。自分で作成した論文・レポートを提出する前に、共通して注意してほしい事項をまとめました。

☑ Checklist【レポート提出前のチェックリスト】

1．題目、問題
- □（1）題目に独立変数と従属変数を入れることを検討しましたか
- □（2）題目の長さは簡潔に（長くとも）30文字程度までに表現してありますか
- □（3）テーマは、最初にわかりやすく紹介されていますか
- □（4）本研究の目的は、わかりやすく示されていますか
- □（5）関連する先行研究の要点は、今回の研究に直接関連することに絞って紹介されていますか
- □（6）具体的な仮説や予測は書かれていますか

2．方法
- □（1）実験参加者（あるいは調査対象者）について、必要な事項は書きましたか
- □（2）実験の刺激や、質問の項目などの情報は必要十分に書かれていますか
- □（3）手続きは、追試が可能なように書かれていますか

3．結果
- □（1）重要な結果がわかりやすく書かれていますか。図表は適切ですか
- □（2）結果の記述の順序は適切ですか

4．考察
- □（1）仮説や研究の目的は、わかりやすく触れられていますか
- □（2）結果の要点は言及されていますか
- □（3）仮説についての判断は書かれていますか
- □（4）結果の説明、先行研究との一致点、差異は言及されていますか
- □（5）今回の研究の位置付けや意義は考察されていますか
- □（6）今後に残された問題点、課題は示唆されていますか

5．引用文献
- □（1）本文に引用した文献は、最後の引用文献のリストにすべて入っていますか
- □（2）引用文献に挙げられた文献は、本文中に1回以上引用されていますか
- □（3）各引用文献に必要な情報が載せられていますか

□（4）すべての引用文献の配列は、第1著者の姓の頭文字のアルファベット順に
　　　並んでいますか

6．図表

□（1）図表にタイトル（題）は付けられていますか

□（2）図や表を見ただけで、おおよその内容は理解できますか。説明は十分ですか

□（3）数値の単位や有効桁は適切ですか

□（4）図は、尺度の特性（名義尺度、順序尺度、間隔・比率尺度）を考慮して書
　　　かれていますか

7．その他

□（1）全体の書式、ページ、印刷文字数、などは指定された書式になっていますか

□（2）ローデータは、求めがあればすぐに提出できるように保管していますか

□（3）提出の期限、方法は確認しましたか

□（4）提出原稿の控え（コピー）は用意しましたか

1.11　第1章の引用文献

公益社団法人日本心理学会（2015）．2015年改訂版　執筆・投稿の手引き　公益
　　社団法人日本心理学会 Retrieved from http://www.psych.or.jp/publication/
　　inst.html（2017年7月31日）

熊谷佐紀・小野史典・福田廣（2016）．名前の視覚的処理過程——メンタルローテー
　　ション課題を用いた検討——　心理学研究, *87*, 457-462.

佐々木真吾・仲真紀子（2014）．異なる詳細さで報告するスキルの発達——だいた
　　いと正確——　心理学研究, *84*, 585-595.

Memo

第 **2** 章 テレビ広告の内容分析とクロス集計

学ぶこと

- 内容分析
- 分類の信頼性
- 名義尺度
- 度数の集計
- クロス集計

キーワード

社会心理学　　ステレオタイプ

テレビ広告

分割表（クロス集計表）

x^2 検定　　　独立性の検定

　本章は、内容分析や観察・調査などでしばしば用いられるクロス集計と分割表の作成を取り上げます。

【概要】
参考論文は、英国のテレビ広告の内容分析です。広告に描かれた登場人物を分類することによって、登場人物がステレオタイプ化された性役割にしたがって描かれているかが検証されています。論文では、登場人物の性別（男女）と役割の関係を分析するために、クロス集計が行われています。本章は、名義尺度変数の分析例として、クロス集計によって作成された分割表を用いて、独立性の検定のまとめかたを解説しています。

26　第2章　テレビ広告の内容分析とクロス集計

■参考論文

英国のテレビ広告における性役割の
ステレオタイプ化
マンステッド，マカラック（1981）

> ●論文全体に対する注意点
> リチャード D. グロス，大山 正・岡本 栄一（監訳）
> （1993）．キースタディーズ心理学　上（pp.115-
> 130）新曜社）（8章　鵜沼秀行　訳）より引用
> したものです。「心理学研究」の執筆規定（様式）
> とは異なる部分があるので，注意してください。

Manstead, A.S.R. & McCulloch, C. (1981).
Sex-role stereotyping in British television advertisements.
British Journal of Social Psychology, 20, 171-180.
Key studies in psychology, R. Gross

❶「テレビ広告〜積極的な役割を果たしているようである。」
テレビ広告の一般的な特性を述べ，さらにこの論文で取り上げる「ステレオタイプ」との関係を論じています。

❷この論文の目的が明らかにされています。

❸「アメリカでの研究は〜見出された。」
先行研究が紹介され，この論文の目的と関連する要点がまとめられています。

❹この論文の具体的な目的が述べられ，具体的な手続きの要点が述べられています。

❺どのようにして広告標本が集められて，分類に使われたかが具体的に記述されています。

❶　テレビ広告（コマーシャル）は社会科学者にとって潜在的にデータの宝庫である。広告がもっているイメージはたいていの場合，社会から導き出されるので，流布している文化的価値をある程度反映するとみることができる。また一方，テレビの重要性が社会化を促進する代表としての役割にあるとすると（Murray *et al.*, 1972 参照），テレビ広告はこれらの文化的価値の形成において積極的な役割を果たしているようである。

　広告は高度に凝縮されたコミュニケーションの形態であり，効果的であるためには容易に理解されうるものでなければならない。このような制約がある場合，広告における演技者の描写にはある程度のステレオタイプ化が避けられない。ミラム（Millum, 1975）が述べているように，「"典型的"な状況を表現する必要から，妥協，合成，あるいはステレオタイプが生まれる」のである。

------------------------ （中略） ------------------------

❷　本研究は，英国テレビ広告における性役割のステレオタイプに焦点を合わせる。社会的関係の「典型的」なイメージについて検討する必要があるとするならば，広告は英国社会における性役割の現代的特性についての洞察を提供するはずである。

------------------------ （中略） ------------------------

❸　アメリカでの研究では，テレビ広告が1960年代後半以降の合衆国内での性役割変化に対応していない，ということが示唆されている。ド

ミニクとラウシュ（Dominick & Raush, 1972）において，女性は広告上の役割の 56% で主婦あるいは母親として描写されていること，これに対して男性は夫あるいは父親として 14% しか描かれていないことが見出された。

------------------------ （中略） ------------------------

　同じように，マッカーサーとレスコー（McArthur & Resko, 1975）は，女性が合衆国の労働力の 37% を占めている（1969 年）にもかかわらず，女性はマッカーサーらが研究した職業場面の広告の中でわずか 11% が中心的登場人物となっていたにすぎないと指摘した。

------------------------ （中略） ------------------------

❹　本研究は，英国における状況を評価することを意図した。手続きは，ある商業テレビ放送によって流される夕方から夜間にかけての広告を 1 週間の間すべて視聴することと，広告に現れる成人男性と女性の属性について系統的に分類することであった。この分類に使われた分類表は，マッカーサーとレスコー（1975）で使われたものをもとに，2 つの研究が比較可能であるように類似のものが用いられた。

方　法

❺広告標本

　標本は，グラナダ・テレビによって，1979年7月の7日間，午後6時から11時30分まで放送されたすべての広告をビデオに記録することによって抽出され，全体で493広告であ

った。繰り返しの広告（$n=309$）と，子供や空想的登場人物だけが現れる広告は最終的な標本から除かれ，170 の独立した広告が分類のために残された。

❻分類手続き

分類手続きは，マッカーサーとレスコー（1975）で使われたものをもとに，きわめて類似したかたちで行われた。2 人の調査者が，中心的な登場人物の以下のような特性について独立に分類した。すなわち，提示様式，性別，信頼性の根拠，役割，場所，商品を支持する主張，商品による利得の型，商品の型。

中心的な人物

中心的な役割（主役）を演じた成人が，視覚的あるいは音声的またはその両方で提示されたかどうか（提示様式）にかかわらず，中心的人物として分類された。どの広告においても3 人以上が中心的人物として分類されることはなかった。すなわちもし3 人以上が提示されている場合には，最も目立ったものがそれ以降の分類のために選択された。

提示様式

中心的な登場人物は，画面外の語りとしてだけ登場する場合には「声」（voice）として，また（語りの役割をもつか否かにかかわらず）視覚的に提示されている場合には「視覚的」（visual）と分類された。

信頼性の根拠

主として商品の使用者として提示された中心人物は「使用者」（user）と分類され，また商品に関連した情報源として提示されたものは「権威者」（authority）と分類された。これらのいずれにもあてはまらないものは「その他」と分類された。

役割

中心人物は日常生活での役割にしたがって次

のいずれかに分類された。配偶者，親，主婦，労働者，専門家，有名人，インタビューアー／ナレーター，ボーイフレンド，ガールフレンド，性的対象，その他。

------------------------ （中略） ------------------------

利得の型

商品による利得の型が8 つに分類された。異性による承認，家族の承認，友人の承認，自己の向上（健康あるいは外見の改善），実際的（時間や労力の節約，商品の相対的廉価），社会的／職歴上の昇進（社会的あるいは職業的階層における昇進を促進），その他（利得が示唆されるが，前項の中に分類できない），そして「利得なし」。

------------------------ （中略） ------------------------

分類の信頼性

満足すべき信頼性をもって分類を行うために，標本となる広告のビデオ記録を使用した。これは何度も繰り返して見ることを可能にし，また複雑な情報を即時に処理することを調査者に強いる必要がない。2 人の調査者はそれぞれ独立に全部で2152 の分類を行い，そのうち86 のみが不一致であった。すなわち全体の一致度は96％であった。

------------------------ （中略） ------------------------

結　果

❼　中心的人物　最終的な標本である170 広告の中で，269 の中心人物が分類された。66％が男性，37％が女性であった（$\chi^2=26.86$, $d.f.=1$, $p <.001$）。中心人物の性別と従属変数のカテゴリーとの関係にかんする主要な結果は，Table 2-1 に示されている。

様式　画面外の語りとして登場する人物の94％は男性であり，一方視覚的に提示されるものの59％は女性であった（$\chi^2=84.05$, $d.f.=1$, $p <.001$）。

❻本研究の説明変数である性別，基準変数である中心的な登場人物の分類手続きが述べられています。

❼文章中では、結果が要約されて、統計的な検定結果は（　）内に示されています。なお、自由度 $d.f.$ の表記は、現在では df が一般的です。

重要な結果は表にまとめられています。

28　第2章　テレビ広告の内容分析とクロス集計

❽結果を簡潔にまとめたうえで，仮説が支持されたことを主張しています。

❾「マッカーサーと〜（それぞれ57％と66％）。」
先行研究との比較は，共通点と差異について行います。段落の最後で，その段落の結論を述べています。

❿「やや意外〜本研究では63％」。
以下では差異が検討されています。

⓫「テレビ広告における〜影響しているのだろうか」
以下の段落では，ここまでの結果に基づいた考察を超えて，さらに一般的な問題を提起して，理論の面から考察していきます。

Table 2-1 は，『キースタディーズ心理学 上』p.121 掲載の表8-1 より本文の説明に必要な項目のみ掲載しています。

　信頼性の根拠　251 の中心人物が商品の使用者か商品の権威者として分類された。女性は男性と比べて，権威者よりも商品使用者である傾向があった（$\chi^2=88.56$, $d.f.=1$, $p<.001$）。
------------------------（中略）------------------------
　役割　まず，性別と役割カテゴリーの関係を表す2×11 分割表をそのまま分析したところ，これら2変数の間に有意な関連性が見出された（$\chi^2=135.3$, $d.f.=10$, $p<.001$）。次に，配偶者，親，主婦，ボーイフレンド，ガールフレンド，性的対象を込みにして1つの役割カテゴリー（「従属的」役割）とし，労働者，専門家，有名人，インタビュアーをもう一つの役割カテゴリー（「自律的」役割）として，この表を2×2 分割表に整理した。253 の中心的人物はこれらの2つの大きな役割カテゴリーのいずれかにあてはまった。男性は女性よりも自律的役割で表現される傾向があった（$\chi^2=106.91$, $d.f.=1$, $p<.001$）。
------------------------（中略）------------------------
　利得の型　カテゴリーのなかに相対的に低得点のものがあったので，データは8カテゴリーから5カテゴリーに縮約された。
------------------------（中略）------------------------

Table 2-1
中心人物の性別と従属変数の基本カテゴリー（数値は度数を表す）

| 変数 | カテゴリー | 中心的人物の性別 | |
		男性 ($n=177$)	女性 ($n=92$)
提示様式	視覚的	58	85
	画面外の語り	119	7
信頼性の根拠	使用者	38	69
	権威者	132	12
役割	自律的(a)	151	22
	依存的(b)	17	63
利得の型	社会的承認あるいは自己向上	38	37
	なし	8	10
	その他（実際的利得を含む）	131	45

(a) 労働者、専門家、有名人、インタビュアー／ナレーター
(b) 配偶者、親、主婦、ボーイフレンド、ガールフレンド、性的対象

考　察

❽　結果から現れてくる全体像は明確である。すなわちこの英国テレビ広告の標本における成人男女は，明らかに一貫して異なって，伝統的な性役割と一致する形で表現されていた。男性は専門的知識と権威を持ち，ある商品を買う理由について客観的かつ知識豊富であり，自律的役割を占有し，商品購入の実際的結果にかかわって登場することが多かった。これに対し女性は，商品の消費者として，商品を買う理由について知識が乏しく，従属的な社会的役割を担い，商品購入の社会的結果に関係して現れることが多かった。

❾　マッカーサーとレスコー（1975）によって報告された結果と比較すると，本研究では男性がさらに優位であるという傾向が見いだされた（それぞれ57％と66％）。しかしマッカーサーとレスコーは，午後8時から10時の間の広告放送の中心人物の70％が男性であることも報告しており，本研究の標本がもっぱら午後6時から11時30分の間のみから抽出されたことから，男性が女性よりも中心的人物として上回るという傾向は両標本間で対応すると思われる。
------------------------（中略）------------------------
❿　やや意外な違いは主張の用い方に関連していた。マッカーサーとレスコーは女性の30％がまったく主張していなかったと報告した（これに対し，本研究では63％）。また彼らは性別と利得型に関連性を見出さなかったが，本研究では女性が男性よりも社会的承認や自己向上という利得を示唆する傾向が有意に認められた。全体として2つの研究結果の差異から，英国のテレビ広告では米国よりも成人が性別のステレオタイプに従った形で表現されていることが示唆される。

⓫　テレビ広告におけるこのようなステレオタイプが，子供におけるステレオタイプ化された知覚や行動の学習，および成人においてそれらが維持されることにどの程度まで影響しているのだろうか。
　このような学習は，同性のモデルをそれぞれ模倣することをとおして生じるのかもしれない。性役割の発達にかんする社会的学習理論（たとえば Mischel, 1970）あるいは認知発達

(Kohlberg, 1969) からのアプローチは，同性モデルを模倣することの役割をとくに重視している。

---------------------- （中略） ----------------------

　一般にマスメディア，とくにテレビがさまざまな行動の性別ごとの適切さに関して，潜在的に強大な情報源を構成していることは明白である。雑誌広告（Sexton & Haberman, 1974; Millum, 1975）や児童図書（Weitzman et al., 1972; Lobban, 1975 ）もまた性役割ステレオタイプに沿って男性や女性を描いている。したがってこのような点でマスメディアから与えられる影響は，内的に整合するものであると言えそうである。

---------------------- （以下省略） ----------------------

2.0　はじめに（本章のテーマについて）

　心理学では、テレビやインターネット、SNS のようなメディアが与える心理的な影響について数多くの研究がなされてきました。ここでは、テレビ・コマーシャルにおける男女の性役割（ジェンダー）の表現を分析した研究を取り上げます。

　マンステッドとマカラック（1981）がイギリスのテレビ・コマーシャルに登場する人物の役割を分析したところ、男性は女性よりも自律的な役割（専門家、労働者、有名人など）で登場することが多く、女性は従属的な役割（配偶者、親、主婦など）で登場し、特に母親としてしばしば表現されていました。このような傾向はアメリカ合衆国での研究（マッカーサーとレスコー，1975）とも一致しており、女性が労働力に占める割合は 37%（1969 年）にもかかわらず、職業場面の中心的な人物として登場する割合は 11% でした。

　テレビ・コマーシャルは、社会に流布している文化をある程度は反映していると考えられます。同時に、テレビが世の中の価値観や考え方に影響を与えることもあるでしょう。テレビ・コマーシャルは、効果的な結果を引き出すために、より典型的と思われる状況を表現する必要があります。そのために、事実とは必ずしも一致しないステレオタイプが利用されることがあるのです。テレビ・コマーシャルに表現された性役割のステレオタイプが、世の中の考え方や子どもたちの心の発達に影響を与えているかもしれません。

30 第2章 テレビ広告の内容分析とクロス集計

2.1 問題

「問題」では、研究で取り上げる問題（テーマ）に関する説明や問題意識、先行研究、研究仮説、目的について記述します。今回は、以下の4点についてまとめましょう。以下、（1）～（4）にしたがって、解説を進めていきます。

●問題部分
（1）問題
（2）目的の概要
（3）先行研究
（4）具体的な目的

2.1.1 （1）問題の書き出し

マンステッドとマカラック（1981）では、研究が取り上げる問題や研究の目的はどのように書かれているでしょうか。論文の最初では、まずこの論文のテーマであり、題目にも示されている「テレビ広告」の一般的特性が論じられています。第2段落では、テレビ広告と**ステレオタイプ**の関係が指摘されており、ステレオタイプというキーワードが、早くもここで登場します。

このように、論文の冒頭の二つの段落で、論文のテーマへと簡潔に導入が行われています。ここまでに論じたことは、それぞれの主張が引用文献とともに論じられていることにも注意しましょう。

テーマを述べた二つの段落の後で、第3段落では研究の目的が整理されています。論文の目的を全体の中で早めに示しておくことは重要です。論文を書き慣れない人は、卒業論文などで一般的な説明を長々と書いてしまい、研究の目的をいつまでも読み手に提示しない、という傾向があります。

> **Check it!** 参考論文❶で、問題の書き出しを確認しよう。
>
> **参考論文❶** テレビ広告（コマーシャル）は社会科学者にとって潜在的にデータの宝庫である。広告がもっているイメージはたいていの場合，社会から導き出されるので，流布している文化的価値をある程度反映するとみることができる。
>
>
>
> はじめて読む人にも論文テーマがわかるように、一般的な観点から導入が書かれています。

Let's Try!

自分の研究について、書き出しを書いてみよう。

―――――――――――――――――――――――
―――――――――――――――――――――――
―――――――――――――――――――――――
―――――――――――――――――――――――
―――――――――――――――――――――――

2.1.2 （2）目的の概要

参考論文❷では、研究の全体的な目的が示されています。

> **Check it!** 参考論文❷で、研究の目的がどのように書かれているか確認しよう。
>
> **参考論文❷** 本研究は，英国テレビ広告における性役割のステレオタイプに焦点を合わせる。社会的関係の「典型的」なイメージについて検討する必要があるとするならば，広告は英国社会における性役割の現代的特性についての洞察を提供するはずである。
>
>
>
> 研究の目的が大まかに示されています。

Let's Try!

1. マンステッドとマカラック（1981）の目的を、自分の言葉で簡潔に要約してみよう。

2. 次に、自分が行う研究について全体的な目的をまとめてみよう。

2.1.3 （3）先行研究

　参考論文では、今回の研究の目的に続いて先行研究を取り上げています。ここでは、先行研究の結果について具体的な数値を引用して紹介し、後に今回の研究との比較ができるようにしています。

　先行研究は、今回の目的に直接に関わっているもののみを取り上げるべきです。また、比較する点が何なのかを考えて、簡潔に必要な点のみを取り上げるようにしましょう。ここでも、初心者は直接関係のないことまで引用してしまう傾向がありますから、先行研究の何を引用するのかに注意することが必要です。

Check it! 参考論文❸で、先行研究についてどのように書かれているか確認しよう。

参考論文❸ アメリカでの研究では，テレビ広告が1960年代後半以降の合衆国内での性役割変化に対応していない，ということが示唆されている。ドミニクとラウシュ（Dominick & Raush, 1972）において，女性は広告上の役割の56%で主婦あるいは母親として描写されていること，これに対して男性は夫あるいは父親として14%しか描かれていないことが見出された。--------（中略）--------

同じように，マッカーサーとレスコー（McArthur & Resko, 1975）は，女性が合衆国の労働力の37%を占めている（1969年）にもかかわらず，女性はマッカーサーらが研究した職業場面の広告の中でわずか11%が中心的登場人物となっていたにすぎないと指摘した。

代表的な先行研究が取り上げられています。その研究の要点は、ここでの研究と関連することのみが紹介されています。

Let's Try!

参考論文で取り上げられた先行研究とその要点は何か、箇条書きで簡潔に書いてみよう。

1. _____
2. _____

次に、自分が行う研究について先行研究をまとめてみよう。そのためには、どのような研究があるか、調べてみましょう。

- Step1 → 先行研究の検索・入手
- Step2 → 先行研究の要約の作成
- Step3 → 自分の研究の位置付け

Step1）先行研究の検索・入手

まず、研究目的に関連した文献を、図書館やインターネットで探します。日本語の

論文であれば **J-stage** や **CiNii** を使って検索するとよいでしょう。

Step2) 先行研究の要約の作成

文献検索で調べた論文を読み、**要約**を作成します。まとめる内容は、基本的に①目的、②方法、③結果です。

| Let's Try! |

先行研究の必要箇所を要約してみよう。

①研究の目的

②方法

③結果

Step3) 自分の研究の位置付け

引用する論文の要約が終わったら、最後に、要約した複数の文献をうまく総括して、自分の研究へとつなげていきます。

| Let's Try! |

自分が行う研究について先行研究をまとめてみよう。

2.1.4 （4）具体的な目的

　先行研究を取り上げた後、本研究の目的がさらに具体的に手続きを踏まえて明らかにされています。目的や仮説は、「問題」の部分を通じて、一般的なものからできるだけ具体的な表現へと絞っていきます。「問題」の最後の部分では、仮説が明示されることもありますが、本論文は目的を具体的に示しています。ただし、以下の方法で述べる具体的な手続きにふれながら、先行研究との比較が目的に含まれることを述べています。

> **Check it!**　参考論文❹で、研究の目的がどのように書かれているか確認しよう。
>
> **参考論文❹**　本研究は，英国における状況を評価することを意図した。手続きは，ある商業テレビ放送によって流される夕方から夜間にかけての広告を1週間の間すべて視聴することと，広告に現れる成人男性と女性の属性について系統的に分類することであった。この分類に使われた分類表は，マッカーサーとレスコー（1975）で使われたものをもとに，2つの研究が比較可能であるように類似のものが用いられた。
>
> ⬇
>
> 研究の目的が、具体的な手続きを引用しながら詳しく書かれています。

Let's Try!

自分の研究について、手続きにそった具体的な目的をまとめよう。

2.1.5 まとめ（「問題」部分の構成）

Let's Try!

2.1.1 ～ 2.1.4 の内容を論文形式で整理して、問題部分を完成させよう。以下は構成のイメージ。小見出しは必要に応じて自分で決めよう。

------------------------------ 1行あける ------------------------------
　　　慣例にしたがって、中央大見出しを省略する構成もあります。
------------------------------ 1行あける ------------------------------

（問題への導入）

（目的の概要）

（先行研究）

（具体的な目的、あるいは仮説）

2.2 方法

「方法」は、レポートや論文を読んだ人が研究を再現して検証できるように、具体的にわかりやすく書く必要があります。何名の人がその研究に参加して、何を使って、どのような方法・手続きで研究が行われたのかについて、過去形の文章で記述します。

参考論文は、以下の4点についてまとめています。以下、(1)〜(4)にしたがって、解説を進めていきます。

●方法部分
 (1) 実験の対象、標本、あるいは実験参加者
 (2) 分類手続き
 (3) 変数の整理（説明変数と基準変数）
 (4) 分類の信頼性の確認

2.2.1 (1) 標本

参考論文は広告の内容分析ですから、どのような広告が分析の対象になったのかが記述されています。

Check it! 参考論文❺で、標本がどのように記述されているか確認しよう。

参考論文❺
広告標本
　標本は、グラナダ・テレビによって、1979年7月の7日間、午後6時から11時30分まで放送されたすべての広告をビデオに記録することによって抽出され、全体で493広告であった。繰り返しの広告（$n=309$）と、子供や空想的登場人物だけが現れる広告は最終的な標本から除かれ、170の独立した広告が分類のために残された。

　観察や調査の場合には、対象者が記述されることになるでしょう。

> **Let's Try!**
>
> あなたの研究で、取り上げる標本（分析対象、調査あるいは観察対象者）は何か、まとめてみよう。
>
> _____
>
> _____

2.2.2 （2）手続き

　参考論文では、標本のテレビ広告が登場人物の性別、役割などの変数について分類されました。性別は次の 2.2.3 項で述べる**説明変数**となります。また役割などは**基準変数**としてこの研究で分析の焦点が当てられる変数です。このような分類がどのように行われたのかが書かれています。

　観察・調査や内容分析では、どのような手続きで変数が符号化された（記録された）のかが大切です。具体的には、変数を選択した根拠、観察された変数のリスト、さらに変数を符号化（分類）した手続きが述べられます。

> **Check it!**　参考論文❻で、対象となる標本の分類手続きを確認しよう。
>
> **参考論文❻**
> **分類手続き**
>
> 　分類手続きは、マッカーサーとレスコー（1975）で使われたものをもとに、きわめて類似したかたちで行われた。2人の調査者が、中心的な登場人物の以下のような特性について独立に分類した。すなわち、提示様式、性別、信頼性の根拠、役割、場所、商品を支持する主張、商品による利得の型、商品の型。
>
>
>
> 　手続きは、第三者がもう一度同じ手続きを実施できるように、具体的かつ簡潔に書いてください。

Let's Try!

1. 参考論文❻を見ながら、今回のあなたの観察・調査あるいは分析でどのような変数が取り上げられたのか、挙げてみよう。

2. 変数をどのように符号化（記録）したのか、まとめてみよう。

2.2.3 （3）変数の整理（説明変数と基準変数）

さて、マンステッドとマカラック（1981）は、テレビ広告の内容分析によって広告に表現されている性役割のステレオタイプを検証しています。いわゆる実験においては、独立変数が操作されて、その影響が従属変数を測定することによって検証されます。これに対して、この論文の内容分析のような観察・調査的な研究では、独立変数が操作されているわけではありません。中心的人物の男女が、それぞれどのような形で広告に登場しているのかが分析されているのです。

このような調査や観察においては、独立変数の代わりに**説明変数**（あるいは予測変数）、従属変数の代わりには**基準変数**という用語がしばしば使用されます。ただし、実験的に操作されていない変数でも「独立変数」という用語を使うこともあり、その場合には同時に「従属変数」という用語を使用していることがあります。

マンステッドとマカラック（1981）では、中心的人物の性別が説明変数（独立変数）であり、Table 2-1 に示すような広告内の登場の形式（提示様式、信頼性の根拠、他）が基準変数（従属変数）になります。

説明変数は男性と女性の2種類の値を取ります（値のことを水準ともいいます）。一方、基準変数もいくつかの値（水準）を取ります。提示様式は、「視覚的」と「画面外の語り」の二つの水準に分類されました。他の基準変数もいくつかの水準に分けられています（Table 2-1 参照）。

Table 2-1 は、『キースタディーズ心理学 上』p.121 掲載の表 8-1 より本文の説明に必要な項目のみ掲載しています。

Table 2-1
中心人物の性別と従属変数の基本カテゴリー
（数値は度数を表す）

変数	カテゴリー	中心的人物の性別	
		男性 (n=177)	女性 (n=92)
提示様式	視覚的	58	85
	画面外の語り	119	7
信頼性の根拠	使用者	38	69
	権威者	132	12
役割	自律的(a)	151	22
	依存的(b)	17	63
利得の型	社会的承認 あるいは自己向上	38	37
	なし	8	10
	その他 （実際的利得を含む）	131	45

(a)労働者、専門家、有名人、インタビュアー／ナレーター
(b)配偶者、親、主婦、ボーイフレンド、ガールフレンド、性的対象

Let's Try!

Table 2-1 を参照して、参考論文で次の変数を具体的にあげなさい。
（1）説明変数（　　　　　　　　　　　　　　）
（2）基準変数（　　　　　　　　　　　　　　　　　　　）

Let's Try!

自分の研究について説明変数と基準変数をあげ、さらにそれぞれの変数の水準をあげ、文章化してみよう。
（1）説明変数（　　　　　　　　　　　　　　）
（2）基準変数（　　　　　　　　　　　　　　　　　　　）

例）説明変数は○○（○○、○○）であった。基準変数は××（○○、○○）であった。……

2.2.4 （4）分類の信頼性

参考論文❻では、分析結果の最後で分類の信頼性を確認しています。これは、データの収集、つまり符号化が信頼できるものであることを確認するための手続きです。そのために、二人の調査者がそれぞれ別に分類した結果の一致の程度が報告されています。これによって、今回の分類が十分に信頼できることが示されています。調査や観察では、このように結果を分類整理する場合に、複数の調査者が別々に判断（符号化）を行い、その結果を比較する手続きが重要となります。

> **Check it!** 参考論文❻で、分類の信頼性がどのように確認されたか見てみよう。
>
> **参考論文❻**
> **分類の信頼性**
> 満足すべき信頼性をもって分類を行うために，標本となる広告のビデオ記録を使用した。これは何度も繰り返して見ることを可能にし，また複雑な情報を即時に処理することを調査者に強いる必要がない。2人の調査者はそれぞれ独立に全部で2152の分類を行い，そのうち86のみが不一致であった。すなわち全体の一致度は96%であった。
>
>
>
> 内容分析や観察のデータでは、複数の調査者（観察者）の間の判断の一致度が、重要な分析の一部になります。

Let's Try!

自分の観察や調査で、符号化された変数の信頼性はどのようにして確認されましたか。複数の観察者（調査者）の間の一致度が検討されている場合には、その結果を書いてみよう。

2.2.5 まとめ（「方法」部分の構成）

Let's Try!

2.2.1 ～ 2.2.4 の内容を論文形式で整理して方法の部分を完成させよう。以下は構成のイメージ。小見出しは、参考論文を参考にして考えてみよう。

------------------------------ 1行あける ------------------------------

方法

------------------------------ 1行あける ------------------------------

（観察あるいは調査対象者、日時、期間など）

（手続き）

（変数の整理：観察あるいは調査項目）

（変数の符号化の信頼性の確認）

2.3　結果

　結果の部分では実験の結果、得られた事実を簡潔に、重要なことから文章で記述します。表や図は、あくまでも読み手の理解を助けるために必要最小限だけ作ります。

　今回は、まず（1）ローデータの整理（クロス集計）についてふれ、その後で（2）検定とその結果の記述を行います。

●結果部分
　（1）クロス集計と分割表の作成
　（2）分割表の検定（χ^2 検定）と結果の記述

2.3.1　（1）分割表の作成

　Table 2-1 を参照しながら、名義尺度データのまとめかた、特にクロス集計と分割表の作成について考えてみましょう。今回の研究は、あるテレビ広告の中心的な登場人物が、性別と登場のしかたで関連があるのかを問題としています。すなわち、性別によって登場のしかたに違いがあるのかを分析することが目的です。

　そこで、たとえば「男性」の登場人物が「権威者」としていくつの広告に登場したかを数えることになります（度数の集計：「計数」）。具体的には、一つ一つの広告を観察・分析して、まず中心的登場人物が「男性」なのか、「女性」なのかを分類します。さらに、例えばその登場人物が、「権威者」なのか「使用者」なのかを分類します。

　すべての広告を分類した結果、Table 2-1 の一番上の行を見ると、中心的登場人物が男性の広告が 177 で女性の広告が 92 であったことがわかります。さらに、信頼性の根拠として、その男性が「使用者」であった広告が 38 で「権威者」であった広告は 132 であったことが示されています。これに対して、女性は「使用者」として 69 の広告で登場し、一方「権威者」として 12 の広告で登場しました。

　このように、性別と登場のしかた（信頼性の根拠）の間に関連があることが、性別と登場のしかたのクロス集計によって示されたわけです。クロス集計によって得られた表を**分割表**といいます。Table 2-1 では、信頼性の根拠以外にも提示様式、役割、利得の型という三つの各変数と性別のクロス集計の結果がまとめられています。

結果の分析では、まず中心的な登場人物が男性であったか、女性であったかが分類されました。この研究では、説明変数にあたる変数を分析しています。結果は次のようにまとめられています。

> **Check it!** 参考論文❼で、最初に結果にまとめられていることを確認しよう。

参考論文❼
　中心的人物　最終的な標本である170広告の中で、269の中心人物が分類された。66%が男性、37%が女性であった（$\chi^2=26.86, df=1, p<.001$）。

　Table 2-1 の最上部、$n=177$ が男性で、177/269=0.66、つまり66パーセントと計算されています。女性についても確認してみましょう。

特に二つの名義尺度の変数を組み合わせて度数を集計するクロス集計は、調査や観察のデータ分析でしばしば用いられる分析の手法です。

> **Let's Try!**

クロス集計は名義尺度のデータでは基本的なデータ分析の手法となる。Table 2-1 を参照しながら、分割表の読み方を確認しよう。

1．性別（説明変数）と役割（基準変数）には、どのような関係が見られるか、文章で書きなさい。

2．男性の役割（自律的、依存的）の総数が男性の総数（$n=177$）と一致しないのはなぜでしょうか。

2.3.2 （2）分割表の検定と結果の記述

分割表を検定する場合には、しばしば独立性の検定が行われます。参考論文❼では、性別と信頼性の根拠の関連は、次のように分析されています。

> **Check it!** 説明変数と基準変数がどのように整理されているか確認しよう。

> **参考論文❼**
> **信頼性の根拠** 251の中心人物が商品の使用者か商品の権威者として分類された。女性は男性と比べて、権威者よりも商品使用者である傾向があった（χ^2=88.56, df=1, p <.001）。

> ここで、独立性の検定にはχ^2検定が用いられています。検定の結果、性別と信頼性の根拠の二つの変数は独立である、という帰無仮説が棄却されて、両変数は関連があると結論されたのです。この検定は2×2（男性／女性×権威者／使用者）の分割表に対して行われました。

クロス集計を行う場合には、まず変数を二つ以上選択します。たとえば、参考論文❼のTable 2-1の「提示様式」と「性別」を分析するなら、各CMについて「男で視覚的」「男で画面外の語り」「女で視覚的」「女で画面外の語り」の四つのいずれかに分類します。すべてのCMについて分類を終了したら、四つの各分類カテゴリーの当てはまるCMの数（度数）を集計する。これが分割表（Table 2-1）になります。

Let's Try!

分割表（クロス集計表）は、結果の中で実際には表として記載されることが多くなります。参考論文❼を参考に、クロス集計と分割表の分析について、テンプレートを使って確認しよう。

1．クロス集計と分割表の作成
自分の研究のデータについて、次の手順で分割表を作成しよう。

（1）まず、変数を選ぶ。
　　（①　　　　　　　　　　、②　　　　　　　　　　　）

カテゴリーは三つ以上のこともある。

（2）それぞれの変数のカテゴリーをはっきりさせる。
　　（①：　　　　　、　　　　）
　　（②：　　　　　、　　　　）

（3）各データ（参考論文では CM）について、二つの変数のカテゴリーの組み合わせのいずれかに分類する。

		変数2	
		カテゴリー1	カテゴリー2
変数1	カテゴリー1		
	カテゴリー2		

参考論文の Table 2-1 を参考にする。

（4）全データの分類結果を分割表にまとめる。

		変数2	
変数1			

2．独立性の検定
分割表についての独立性の検定を行う。参考論文の「提示様式」と「性別」を分析するならば、この二つの変数が独立なのかどうかを χ^2 検定で検定する。

　　（$\chi^2 =$　　　　　、$df =$　　　　　、p　　　　　）

3. 結果の記述

検定の結果が有意であれば、二つの変数に連関が認められたことになる。これを踏まえて結果をまとめる。結果の要点がわかるように、必要ならば割合などを求めて文章化し、検定の結果をつけておく。参考論文❼の場合、提示様式と性別が連関していたので、次のように記述されている。

様式　画面外の語りとして登場する人物の94%は男性であり、一方視覚的に提示されるものの59%は女性であった（$\chi^2 = 84.05$, $df = 1$, $p < .001$）。

2.3.3 まとめ（「結果」部分の構成）

Let's Try!

2.3.1 ～ 2.3.2 の内容を、論文形式で整理して結果の部分を完成させよう。以下は構成のイメージ。小見出しは必要ありません。

------------------------------ 1行あける ------------------------------
結果
------------------------------ 1行あける ------------------------------

（分割表の作成：説明変数と基準変数についての整理）

（必要に応じて表を作成する）

（検定の結果の記述）

2.4 考察

考察では、結果を解釈し、ここでは以下の4点についてまとめます。以下、（1）～（4）にしたがって、解説を進めていきます。

●考察部分
（1）目的と結果の要約
（2）結果の説明、先行研究との比較
（3）説明の一般化
（4）研究の意義と結論

2.4.1 （1）結果の要約

考察は、結果から何が言えるのかを論理的に検討します。そのためには、まず結果の大切な部分を要約することが役に立ちます。参考論文❽では、結果で述べられた事実を簡潔に要約すると同時に、結果が明確な傾向を示していたことが主張されています。より読み手の理解を助けるために、結果を要約する前に、研究の目的や仮説を同様に簡潔に要約しておく場合もあります（第1章などを参照）。

> **Check it!** 参考論文❽の結果の要約を確認しよう。
>
> **参考論文❽** 結果から現れてくる全体像は明確である。すなわちこの英国テレビ広告の標本における成人男女は，明らかに一貫して異なって，伝統的な性役割と一致する形で表現されていた。男性は専門的知識と権威を持ち，ある商品を買う理由について客観的かつ知識豊富であり，自律的役割を占有し，商品購入の実際的結果にかかわって登場する事が多かった。これに対し女性は，-----（中略）-----。

> **Let's Try!**
>
> あなたの結果を簡潔に要約してみよう。

2.4.2 （2）結果の説明、先行研究との比較

　結果を整理した後は、その結果がどのように説明されるかが考察されます。また、仮説が立てられた場合には、仮説が支持されるのかが論じられます。参考論文❾では、アメリカでの先行研究と比較しながら、今回の英国における結果が先行研究と共通することが論じられています。

Check it!	参考論文❾で先行結果の説明を確認しよう。

　参考論文❾　マッカーサーとレスコー（1975）によって報告された結果と比較すると，本研究では男性がさらに優位であるという傾向が見いだされた（それぞれ57％と66％）。しかしマッカーサーとレスコーは，午後8時から10時の間の広告放送の中心人物の70％が男性であることも報告しており，本研究の標本がもっぱら午後6時から11時30分の間のみから抽出されたことから，男性が女性よりも中心人物として上回るという傾向は両標本間で対応すると思われる。

　参考論文❾では、先行研究の結果と比較して、今回の結果が米英に共通する普遍的な結果として説明できるかどうかが考察されています。また、「考察」の部分では、先行研究との一致点だけが考察されるわけではありません。参考論文❿では先行研究との差異が検討されています。

Check it!	参考論文❿で先行研究の比較を確認しよう。

　参考論文❿　やや意外な違いは主張の用い方に関連していた。マッカーサーとレスコーは女性の30％がまったく主張していなかったと報告した（これに対し，本研究では63％）。また彼らは性別と利得型に関連性を見出さなかったが，本研究では ---- （中略） ----。

　このように、先行研究と比較しながら、今回の結果が一貫して説明できるのかが議論されます。

2.4.3 （3）説明の一般化

　さらに考察の後半では、今回の結果から言えることがどこまで一般的な問題についても関連しているのかが論じられます。参考論文⓫では、テレビ広告のステレオタイ

プが子どもや成人のステレオタイプの知覚にどこまで影響するかが、論じられています。

> **Check it!** 参考論文⓫で説明がどのように一般化されているか確認しよう。

> **参考論文⓫** テレビ広告におけるこのようなステレオタイプが，子供におけるステレオタイプ化された知覚や行動の学習，および成人においてそれらが維持されることにどの程度まで影響しているのだろうか。
>
> このような学習は，同性のモデルをそれぞれ模倣することをとおして生じるのかもしれない。性役割の発達にかんする社会的学習理論（たとえば Mischel, 1970）あるいは認知発達（Kohlberg, 1969）からのアプローチは，----（中略）----。

2.4.4 （4）研究の意義と結論

考察の最後には、テレビ広告を超えてマスメディア一般の影響が論じられています。このように、論文の最後は、今回の研究の意義が示唆されることが一般的です。

> **Check it!** 参考論文⓫で研究の意識と結論を確認しよう。

> **参考論文⓫** 一般にマスメディア，とくにテレビがさまざまな行動の性別ごとの適切さにかんして，潜在的に強大な情報源を構成していることは明白である。雑誌広告（Sexton & Haberman, 1974; Millum, 1975）や児童図書（Weitzman *et al.*, 1972; Lobban, 1975）もまた性役割ステレオタイプに沿って男性や女性を描いている。したがって ----（中略）----。

Let's Try!

自分の結果から、どのような考察ができるか、メモを用意してみよう。

1．結果の要点と、仮説や目的の観点から何が言えるのかを簡潔にまとめよう。

_____

_____

_____

52　第2章　テレビ広告の内容分析とクロス集計

2．先行研究を挙げてみよう。また、その要点を今回の結果と比較して整理してみよう。

先行研究（1）

先行研究（2）

3．今回の結果やその説明は、どこまで一般化できるのかまとめよう。

4．今回の研究の一般的な意義はどのような点にあるか、また今後に残された課題は何か、書いておこう。

2.4.5　まとめ（「考察」部分の構成）

Let's Try!

2.4.1～2.3.4 の内容を、論文形式で整理して、考察部分を完成させよう。以下は構成のイメージで、小見出しは必要に応じて考えてみましょう。

---------------------------- 1 行あける ----------------------------
考察
---------------------------- 1 行あける ----------------------------

（結果の要約）

（目的、仮説との関係）

（結果の説明、先行研究との比較）

（説明の一般化の可能性）

（研究の意義とまとめ）

2.5 引用文献

Let's Try!

日本心理学会「執筆・投稿の手びき」や本書1章を参照して、論文中で引用した文献のリストを作成しよう。

引用文献は、日本人も外国人も著者姓でアルファベット（ABC）順に並べます。

日本心理学会「心理学研究」執筆・投稿の手びき
http://www.psych.or.jp/publication/inst.html

〈基本的な記述形式〉
論文
著者名、出版年、タイトル、雑誌名、巻数、ページ番号
＊日本語論文では、巻数をイタリック体に、外国語論文では、雑誌名と巻数をイタリック体にします。ページ番号は、最初と最後のページを記載します。

書籍
著者名、出版年、タイトル、出版社名
＊外国語書籍の場合、出版社名の前に、出版地も記載します。また、タイトル（書名）はイタリック体にします。

------------------------------ 1行あける ------------------------------
引用文献
------------------------------ 1行あける ------------------------------

第 **3** 章　ストループ効果& *t* 検定

学ぶこと

- 認知心理学的な実験法

- 基本的な図・表の作成

- *t* 検定結果の文章表現

キーワード

ストループ効果

認知心理学

統制群法

t 検定（被験者間計画）

本章では、以下の実験計画に基づき、論文・レポートの書き方を解説します。

【概要】
実験の目的は、色名呼称実験を行い、ストループ効果を確認することと、ストループ効果が生じた原因を考察することです。実験条件は、文字—色不一致条件（実験群）と色パッチ条件（統制群）の2条件。指標は、所要時間と誤答数。実験は被験者間計画で実施。結果の分析では、記述統計の算出、図表の作成、*t* 検定による2条件の差異の比較を行います。

56　第3章　ストループ効果&*t*検定

参考論文の入手先
http://hdl.handle.net/10105/1422

ストループ効果は、ストループ干渉、ストループ現象とも呼ばれています。

■参考論文

色—語ストループ干渉における反応競合説の検討
藤田　正（奈良教育大学心理学教室）
奈良教育大学紀要, 2000, 巻49, 167-172

問　題

❶初めに、研究テーマであるストループ効果の一般的な説明が、例を挙げてわかりやすく説明されています。☞本文3.1.1項

❶　言葉の意味とは異なる色のついた色名単語の色を命名する場合（例えば，赤色のインクで書かれた「青」という文字に対してアカと命名する）には，単なる赤色の色パッチをアカと色命名するよりも反応が遅くなる．このような現象は，ストループ干渉（Stroop interference: Stroop, 1935）と呼ばれ，インクの色と色名単語とが葛藤するストループ干渉課題（conflict task）を用いて検討が行われてきている．この現象が生じるのは，「アカ」と色の命名をする際に，インクの色とは一致しない色名単語（あお）が色命名の処理過程になんらかの妨害効果を及ぼしているためだと考えられている．

❷認知心理学におけるストループ研究の論点（干渉が起こる位置に関する3つの説）を紹介しています。

❷　このような干渉課題を用いてなぜ干渉が起こるのか，どの段階で干渉が起こっているのかなど，干渉のメカニズムについての研究が行われてきた（嶋田，1985）.

　干渉が生じる位置（locus）について説明する主なものは，次の3つである．第1は，干渉が分析の初期の段階で起こるとする"知覚符号化説"（Hock & Egeth, 1970）である．この説によると，色命名課題において色名単語は特に目立って注意を引きつけ，それによってインクの色に必要な注意が減少し，反応が遅くなるというものである．

❸先行研究の要約☞本文3.1.2項、Step2

　第2は，干渉が反応を出力する段階で起こるとする"反応競合説"（Morton, 1969）である．この説では，入力された情報がいくつかの処理過程を通って出力される際に，反応のために関連情報を利用したり，反応準備のために情報を整理するための一時的な情報保存のためのバッファーを仮定している．このバッファーには容量の限界がある．ストループ干渉課題において反応を出力するまでに，色名単語は処理され利用できる状態なるためにバッファーはその情報で占められる．インクの色の情報についても，この点は同様である．さらに，ストループ干渉課題において単語の命名は色の命名よりも処理が速いので，色名単語とインクの色の情報が反応の出力されるバッファーに入ろうとするとき，単語と色は並列的に処理されるが，単語の音韻反応が単一チャンネルであるバッファーに先に入ってしまう．そして，インクの色の反応をするとき，先にある色名単語の反応を打ち消し，それから反応するので遅くなるというものである．

　第3は，色情報が知覚的に符号化された後，意味記憶と接する段階，つまり，入力と出力の中間段階で干渉が起こると主張する"意味符号化説"（Seymour, 1973）である．これによると，色付けされた色名語が呈示されたときに，色に関する処理と色名語に関する処理は並列的に進むが，そのときの色名語の処理は，それに注意が向けられていない以上，自動的なものとする．色に関してそれが何色かを同定する意味的な処理は，色名語について意味的な処理を行うよりも時間を必要とするので，色名語についての意味的な活性化が先に進行する．そして，どの反応を行うか決定し，音韻的に符号化して出力バッファーに送る際に，それが妨害的に働くことにより色命名が遅れるというものである．

❸　これらの諸説のうち，ストループ干渉が反応を出力する段階で起こるとする説のひとつである反応競合説（Morton, 1969）をより詳細に検討したものに，Dunbar & Macleod (1984) の実験がある．彼らは，色命名課題において反応競合説のいう，単語についての音韻反応が色命名の反応よりも速く処理されることで，バッファーに先に入り干渉を生じると仮定されているならば，その音韻反応を色命名の反応よりも

遅くすれば，単語読み反応よりも先にバッファーに蓄えられた音韻反応をクリアーしてから色についての反応をする必要がなくなるので干渉は生じないと考えた．

そこで，実験材料には英単語を上下反対の位置（backwards）にして提示する単語条件（実験1）と，それを更に転倒させた位置（upside down and backwards）で提示する単語条件（実験2）を設定し，これらの通常の単語を変形させた位置で提示する単語（transformed word）を使うことで，単語の読みの速さを遅らせようとした．例えば，通常単語条件が「red」の場合，反対にした単語条件は「der」であり，転倒させ反対にした単語条件は「ɹǝp」であった．

第1実験の結果は，ストループ干渉を検討する色命名課題では，通常単語条件よりも反対単語条件の反応潜時の方が有意に短くなり，干渉が減少した．また，単語読み課題では，全ての条件で反対単語条件の方が通常単語条件よりも反応潜時が有意に長くなった．つまり，単語の読みが遅くなったことにより，単語のインクの色の命名時に生じる単語そのもの命名による妨害を低下したのである．これらの結果は，反応競合説からの予想を支持するものであった．

しかし，第2実験の結果は，色命名課題では，どの条件でも通常単語条件と，それを転倒させ反対にした単語条件との反応潜時に有意差がみられなかった．読み課題では，全ての条件で転倒させ反対にした単語条件の方が通常単語条件よりも反応潜時が有意に長くなった．これらの結果は，実験1と異なり，反応競合説からの予想を必ずしも支持するものではなかった．

------------------------ （中略） ------------------------

❹ 彼らは，単語の変形条件の効果を別々の実験によって検討しているが，これが結果の違いを生じさせたとも考えられるので，1つの実験の中に単語の変形条件を含めて検討することが必要と思われる．

❺ そこで本研究では，ストループ干渉が反応を出力する段階で起こるとする反応競合説（Morton, 1969）を検討した Dunbar & Macleod (1984) の実験を参考に，日本語のかな色名単語を用いて作成した変形単語条件が，ストループ干渉課題で色命名と単語の読みの反応潜時に及ぼす単語条件の効果の比較を行い反応競合説を検討することを目的とした．

------------------------ （中略） ------------------------

❻ 反応競合説に基づけば，本実験では，色命名では通常単語条件に比べて変形単語条件では干渉量の減少がみられる．また，単語の読みにおいては通常単語条件に比べ変形単語条件の読みが遅くなることが予想される．

方　法

❼ 実験計画　2×2×4の要因計画が用いられた．第1の要因は課題条件であり，色命名課題と単語読み課題の2条件であった．第2の要因はインクの色と色名単語との一致度条件であり，一致，不一致の2条件であった．第3の要因は単語条件であり，通常単語，回転単語，倒立単語，鏡映単語の4条件であった．3つの要因はすべて被験者内要因であった．

❽ 被験者　被験者は，大学生17名（男子7名，女子10名）であり，平均年齢は21才6カ月（年齢範囲：18才10カ月〜23才0カ月）であった．これらの被験者は，この種の実験には未経験であった．

❾ 材料及び装置　実験実施用ソフトには，Cedrus 社製の Super Lab Version 1.4 を用いた．刺激の呈示，及び反応潜時の記録には，パーソナルコンピュータ（アップルコンピュータ社製 Macintosh Performa 5320）が用いられた．刺激は，15インチ高解像度カラーディスプレイ上に，1文字縦1cm横1cm（24ポイント）の大きさで画面中央に呈示された．刺激が呈示される画面の背景は白色であった．また，内蔵マイクをボイスキーとして用い，反応潜時（1000分の1秒まで）を測定した．

❹、❺先行研究の問題点を指摘したうえで，自身の研究の位置付け（先行研究との差異）を述べています。☞本文 3.1.2 項、Step3

❺実験の目的☞本文 3.1.3 項

❻仮説として、実験条件と予測される結果の関係が述べられています。☞本文 3.1.4 項

❼実験計画では、要因計画、要因と水準、被験者の配置について書かれています。☞本文 3.2.4 項

❽被験者は、現在の規定では、「実験参加者」と記述します。☞本文 3.2.1 項

❾装置は、実験で使用したものを記述します。参考論文では、実験がコンピュータプログラムによって制御されています。いわゆる、コンピューター実験です。したがって、実験用ソフトやコンピューターの型式が明記されています。☞本文 3.2.3 項

❿ 材料（刺激）☞本文 3.2.2 項

❿ 使用された色名単語と色は，「あか」「あお」「きいろ」「みどり」の4つであった．呈示刺激の単語条件には，通常単語，回転単語，倒立単語，鏡映単語の4種類が設けられた．回転単語とは，通常単語でかかれた色名単語（例えば，"あか"）を180°回転させ，上下が逆になった状態で呈示される単語（"ɐʞɐ"）である．倒立単語とは，通常単語を上下に裏返して見た場合の単語（"ɐʞɐ"）であり，鏡映単語とは，通常単語を左右に裏返して見た場合の単語（"ɐʞɐ"）である．

また，それぞれの単語条件において，インクの色と色名単語が一致する色でかかれた一致条件，及び一致しない色でかかれた不一致条件の2種類が設けられた．

以上をもとに各課題条件について，それぞれ48試行からなる刺激リストを用いた．

⓫ 手続き　実験は心理学の実験室で，コンピューターの画面に呈示される刺激に対して反応することにより行われた．被験者は，ディスプレイから約50cm離れ，目の高さと同じになるようにイスに座らせた．被験者には2つの課題が与えられ，実験が開始された．1つは色命名課題で呈示される単語の色をできるだけ速く答えることが求められた．もう1つは単語読み課題で呈示される単語を読むことが求められた．実験では練習試行を本試行の前にそれぞれ10試行行い，本試行は単語読み課題48試行，色命名課題48試行の順に行われた．

------------------------（中略）------------------------

結　果

------------------------（中略）------------------------

色命名課題と単語読み課題について2（一致度条件：一致，不一致）×4（単語条件）の2要因とも繰り返しの分散分析を行った．

色命名課題

⓬ 図1は色命名課題における各条件の平均反応潜時を図示したものである．

⓭ それぞれの条件の反応潜時の平均について，2×4の2要因とも繰り返しの分散分析を行った．その結果，一致度条件の主効果 $[F(1,112) = 35.82, p < .01]$ と単語条件の主効果 $[F(3,112) = 3.45, p < .05]$ が有意であり，一致度条件×単語条件の交互作用に有意な傾向がみられた $[F(3,112) = 1.98, p < .10]$．

------------------------（中略）------------------------

⓮ また，交互作用に有意な傾向がみられたので，単純効果の検定を行った．最初に，合成した誤差項（$MSe\ (pool) = 3368.89$）を用いて，一致度条件ごとに各単語条件間の差をみるために有意差検定を行った．その結果，不一致条件では，回転単語条件 $[t(112) = 3.29, p < .01]$，倒立単語条件 $[t(112) = 2.83, p < .01]$，鏡映単語条件 $[t(112) = 2.98, p < .01]$ の3条件が，それぞれ通常単語条件よりも有意に反応潜時が短かった．

⓯ 次に，各単語条件ごとに，一致度条件間の差をみるために，合成した誤差項（$MSe\ (pool) = 3368.89$）を用いて有意差検定を行った．その結果，通常単語条件 $[t(112) = 5.00, p < .01]$，回転単語条件 $[t(112) = 2.66, p < .05]$，鏡映単語条件 $[t(112) = 2.59, p < .05]$ において不一致条件の方が一致条件よりも有意に反応潜時が長く，倒立単語条件においては不一致条件の方が一致度条件よりも反応潜時が長いという傾向がみられた $[t(112) = 1.72, p < .10]$．

⓰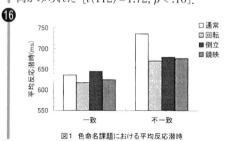

図1　色命名課題における平均反応潜時

単語読み課題

------------------------（中略）------------------------

⓬ 掲載した図への言及がなされています．論文中に図表を掲載する場合は，このような言及が必須です．

⓭ 分散分析の結果が，統計的結論を含めて，まとめられています．

⓮ 単純効果検定
交互作用がみられた場合に行う分析です．一致度条件ごとに，単語条件の効果を検討しています．

⓯ 単純効果検定
単語条件ごとに，一致度条件の効果を検討しています．

⓰ 条件別の平均反応潜時が図示されています．図には，測定単位（ms）や図番号＆タイトルなどを入れます．また，この図のように，複数の棒が示されている場合は，区別のつきやすい模様や濃淡を用いることがポイントです．☞本文3.3.3項

議　論

❶❼　本研究の目的は，ストループ干渉が反応を出力する段階で起こると仮定する反応競合説 (Morton, 1969) を検討した Dunbar & Macleod (1984) の実験を参考に，日本語のかな色名語を用いて作成した通常の単語条件とその形態を変化させた変形単語条件を用いて，ストループ干渉課題での色命名の場合と単語読みの場合の反応潜時に及ぼす効果を比較し，日本語のかな色各単語について反応競合説を検討することであった．

　本実験で得られた主な結果は次の通りであった．一致条件を基準として不一致条件との差をもってストループ干渉が生起しているととらえた結果，すべての単語条件で干渉が生じていた．

　色命名課題において不一致条件では通常単語条件の反応潜時は，3 つの変形単語条件（回転，倒立，鏡映）の反応潜時に比べて長かった．しかし，3 つの変形単語条件の間には有意差は認められなかった．この結果は，通常単語条件での干渉に比べて変形単語条件での干渉が小さいことを示している．

　単語読み課題では，一致条件と不一致条件の単語条件に有意差が認められなかった．単語の読みの反応潜時は，通常単語条件の方が 3 つの変形単語条件よりも短かった．しかし，3 つの変形単語条件間の反応潜時には有意差は認められなかった．この結果は，単語の形態を変形したことにより，読みが困難になったことを示すものであった．

　以上，色命名課題と単語読み課題の結果は，反応競合説（Morton, 1969）からの予想と一致するものであった．

❶❽　反応競合説では，色命名よりも色名単語の読みが先行してしまうために干渉が生起すると説明している．

------------------------ （中略） ------------------------

❶❾　これらの結果を併せて考察すると，単語の読みを遅らせることで干渉量が減少したことが明らかになったといえる．したがって本実験は，Dunbar & Macleod (1984) の実験 1 の結果と一致しており，日本語のかな色名単語による色一語ストループ干渉においても反応競合説を支持することができた．

------------------------ （中略） ------------------------

❷⓿　なお，3 つの変形単語条件間において干渉量の差があらわれなかった．この点については次ぎの 2 つの点が考えられる．第 1 に考えられる点は，材料に用いた変形単語条件は，通常単語条件をもとに形態を変化させたが，それぞれの変形単語条件の間の差については，最初から明確な違いを検討して設定したものではなかったという点である．

------------------------ （中略） ------------------------

❷❶　今後は，課題の呈示順序やかな色名語の形態の変形のさせ方，あるいは色名を表す漢字を刺激材料として用いた場合について実験的な検討が必要であろう．

------------------------ （中略） ------------------------

❷❷　　　　　　　引用文献

------------------------ （中略） ------------------------

嶋田博行 1985 認知的葛藤（Stroop 効果）の再検討 　―差異心理学と最近の注意理論との接点を求めて― 　大阪大学人間科学部紀要，11,54-82.

Stroop.J.R. 1935 Studies of interference in serial verbal reactions. *Journal of Experimental Psychology*, 18, 643-662.

---

❶❼要約（目的＆結果）が，考察の冒頭で述べられています。それに続いて，仮説の結論が記述されています。☞本文 3.4.1 項

❶❽得られた結果は，反応競合説による説明を裏付ける形となっています。☞本文 3.4.2 項

❶❾先行研究との比較 ☞本文 3.4.3 項

❷⓿結果に対して，方法論的な視点から説明が与えられています。☞本文 3.4.2 項

❷❶今後の課題として，❷⓿で指摘した方法論的な問題点が含まれていることを確認してください。☞本文 3.4.4 項

❷❷引用文献の記述形式は，日本心理学会の執筆・投稿規定とは異なるので注意してください。☞本文 3.5 項

3.0 はじめに（本章のテーマについて）

本章では、**ストループ効果**に関する研究例を取り上げます。ストループ効果とは、"文字"と"色"という二つの属性をもつ単語について、文字とインクの色が不一致（"あお"という文字が、赤色のインクで印字されている）の場合、一致する場合（"あお"という文字が、青色のインクで書かれている）や色パッチのみの場合と比べて、色名をこたえることが難しくなり、所要時間が長くなるという現象です。1935年にStroopによって発表された論文に基づき、「ストループ効果」または「ストループ現象」と呼ばれています。

ストループ効果に関しては、心理学の中でも認知、臨床、発達など幅広い分野で研究・応用されています。本章で取り上げるのは、**認知心理学**における情報処理の観点です。ストループ効果を検討することは、人間の情報処理過程を明らかにすることにつながります。

ストループ効果の課題では、色―文字の組み合わせに限らず、様々な類似課題が考案されています。例えば、色付けされた情動語の色命名を行う「情動ストループ課題」、示されている数字の個数をこたえる「数字ストループ課題」、そのほか「空間ストループ課題」、「絵―単語課題」があります。また、視覚的な刺激材料にとどまらず、「聴覚―視覚間ストループ」なども研究されています。

Figure 3-1に示したのは、「絵―単語課題」の刺激です。被験者の課題は、絵の中に示された単語は無視して、絵の命名を行います。結果は、Figure 3-1（a）のように絵の内容と単語が一致する場合、絵の命名は速くなります。一方、Figure 3-1（b）のように絵の内容と単語が不一致の場合、絵の命名は遅くなることがわかっています。

この効果は、ストループ効果と同じメカニズムで生じるとされており（Glaser & Düngelhoff, 1984）、ストループ現象を考えるうえで、知っておいてほしい研究の一つです。

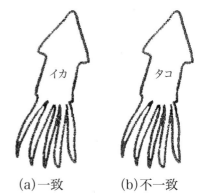

Figure 3-1. 絵―単語課題の刺激例。

参考図書
●嶋田博行（1994）．ストループ効果―認知心理学からのアプローチ― 培風館
ストループ効果に関して、これまで行われてきた研究を幅広く紹介しています。そのため、ストループ研究の全体像が把握しやすいです。

3.1 問題

「問題」では、研究で取り上げる問題（テーマ）に関する説明や問題意識、先行研究、仮説、目的について記述します。

今回は、次の4点について、見出しを付けてまとめてみましょう。それでは、(1)～(4)にしたがって、解説を進めていきます。

●問題部分
　（1）問題
　（2）先行研究
　（3）目的
　（4）仮説

3.1.1 （1）問題

ここでは、**問題（研究において議論するテーマ）に関する説明**や**問題意識**（研究者がその問題を重要なことと捉え、扱おうとする意識）についてまとめます。

問題部分の書き出し（冒頭）は、論文の導入部分になるので、いきなり難しい専門用語から始めるようなこと（例えば「ストループ効果とは……」）は避けましょう。専門用語や心理学的な現象であっても、一般にわかりやすい表現に直して記述する必要があります。

> **Check it!**　参考論文❶で、問題の書き出しを確認してみよう。
>
> **参考論文❶**　言葉の意味とは異なる色のついた色名単語の色を命名する場合（例えば，赤色のインクで……
>
>
>
> 　ストループ現象が、一般的な言葉で表現されています。また、具体的に例を挙げることで、認知心理学の知識がなくても、ストループ現象を理解することができます。

> **Let's Try!**
> 今回のテーマであるストループ効果に関する説明をまとめてみよう。

___
___
___
___
___

3.1.2 （2）先行研究の概観（研究史）

　ここでは、過去に行われた研究の中から、自分の研究目的と直接関連する研究（**先行研究**）を取り上げて、当該テーマにおける研究の進捗状況をまとめます。そのうえで、自身の研究の位置付けを行います。それでは、以下のステップにしたがって、作業を進めましょう。

- Step1　先行研究の検索・入手
- Step2　先行研究の要約の作成
- Step3　自分の研究の位置付け

Step1）先行研究の検索・入手

　研究目的に関連した文献をインターネットや図書館で探します。インターネット利用の場合、日本語論文の検索には **J-STAGE**（科学技術情報発信・流通総合システム）や国立情報学研究所による **CiNii** を、英語論文の検索には **PubMed** 等の Web サイトを使います。

　なお、関連する論文が一つ見つかると、その論文の引用文献リストから、さらに関連する文献を知ることができます。

①キーワード「心理学　ストループ効果」で検索
　テーマによっては、心理学以外の分野でも研究が行われているので、キーワードに「心理学」を入れると、検索結果を絞り込めます。

②検索結果一覧→タイトルや要約を確認
　要約を読んで、自分の研究目的との関連性を判断します。

Let's Try!
調べた論文の中から、研究目的に直接関連するものだけを、一覧に記載しよう。

1)

2)

3)

Step2）先行研究の要約の作成

　Step1 で調べた関連論文を読み、これまでどのような研究が行われてきたのかを、**要約**としてまとめます。まとめる内容は①目的、②方法、③結果です。ただし、引用する全ての研究について、①〜③をまとめる必要はありません。自分の論文上の議論で必要な部分や、後々考察で結果の比較に用いる内容のみを簡潔に要約・引用するようにしてください。

　例えば、参考論文❸では、先行研究の内容がかなり詳しく引用されています。これは、先行研究の方法部分や、実験１と２の結果の相違が、直接自身の実験計画に関係があるからです。参考論文❸→❹→❺と読み進めて、確認してください。さらに、参考論文⓳では、引用した結果に基づいて、先行研究との比較が行われています。先行研究のどの部分を引用・要約するかは、最終的に自分自身で判断していくことが求められます。

> **Let's Try!**
> 解説をふまえて、先行研究の必要箇所を要約してみよう。
>
> ①研究の目的
>
> ②方法
>
> ③結果

Step3) 自分の研究の位置付け

　引用する先行研究の要約が終わったら、先行研究と自分の研究の関係（差異）を明確にします。これは、**自身の研究を、その研究テーマ全体の中に位置付ける**大切な作業になります。その研究テーマの中で、自分の研究はどこらへんを明らかにしようとしているのか、という話です。

　ざっくばらんに言うと、「この研究テーマに関して、先行研究ではこの部分まで明らかになっている。したがって、自分の研究では、これまで検討されていない新たな特徴や条件、先行研究の問題点の改善などを追加して検討することにより、さらに研究の進展が期待できる。だからこの研究をやる意義はあるのだ」ということを主張するわけです。要は、読み手に対して、自分の研究が単なる過去の研究の追試ではなく、**新しい部分がある**ということを示し、自分の研究の意義や必要性を説得していくわけです。論文では、自分の研究の位置付けが、明確に示されなければなりません。

　そのためには、まず先行研究を読みあさり、そのテーマにおける研究の進捗状況を把握することが必要です。時間のかかる大変な作業ではありますが、そこが適当になってしまうと、実験を実施しても「そんなことはすでに他の研究者が検討済」ということになりかねません。卒業論文では、頑張って取り組んでください。

> **Check it!** 参考論文❹、❺で、研究の位置付けを確認してみよう。
>
> **参考論文❹、❺** ❹彼らは，単語の変形条件の効果を別々の実験によって検討しているが……（中略）……❺そこで本研究では……（中略）……目的とした．
>
> ⬇
>
> ❹で先行研究の方法論的問題点について述べ、❺において、自身の研究ではその問題点を考慮・改善した検討を行う旨を述べています。さらに、先行研究との刺激の違い（日本語のかな色名単語を用いる）も書かれています。これらのことから、先行研究との差異や新しい部分が明らかになっています。

Let's Try!

解説を読み、自分の研究の位置付けについて考えよう（側注参照）。

> 学部2年次の科目「心理学実験」では、代表的な研究テーマの追試を行うことも多いので、その場合には、研究の位置付けについて述べることは不要であると思われます。指導の先生に確認してください。

3.1.3 （3）目的

実験の目的について記述します。**どんな方法によって、何を明らかにするのか**、を簡潔に書いてください（参考論文❺参照）。

> 例）本研究では……を検討することを目的とした。

Let's Try!

実験の目的をまとめてみよう。

3.1.4 （4）仮説

実験における仮説とは、**実験条件と予測される結果の関係**を文章で表したものです。仮説は、客観的な根拠（先行研究）に基づいていることが必要です。

> 仮説の基本形
>
> 「条件が○○のように変化すれば、結果は ×× となるだろう」
> 　　　　If　　a,　　then　　b　　　　＊aは実験条件、bは結果についての記述

仮説の基本形は、実験計画に応じて、適宜アレンジすること。

> Let's Try!

所要時間と誤答数のそれぞれについて、仮説を立ててみよう。
まず、実験条件と予測される結果を書き出しておこう（参考論文❻）。

● **Point**　今回の目的は、2条件を比較して、ストループ効果が生じたか否かを検討すること。仮説では、ストループ効果が生じた場合に、二つの条件間にどのような結果が予測されるかを記述しよう。

> 例）もしストループ効果が生じるならば、○○条件は、●●条件よりも、所要時間が△△△なるだろう。

所要時間　［実験条件］

　　　　　［予測される結果］

仮説

誤答数　［実験条件］

　　　　　［予測される結果］

仮説

今回は、わかりやすさを考慮して、所要時間と誤答数に分けて仮説を立てましたが、一つの文章にまとめてもかまいません。

3.1.5 まとめ（「問題」部分の構成）

Let's Try!

先にまとめた（1）～（4）の内容を整理して、「問題」部分を完成させよう。以下はイメージ。見出しの必要性（問題～仮説を含む）は自分で判断すること。

---------------------------- 1行あける ----------------------------
　　　　　慣例にしたがって、中央大見出しを省略する構成もあります。
---------------------------- 1行あける ----------------------------

問題

先行研究

目的

仮説

3.2 方法

「方法」では、実験の方法（誰が何人参加して、何を使い、いかなる手続きで行われたか）について、項目別に分け、見出しをつけて過去形の文章で記述します。記述内容は、研究によって、多少異なります。今回は、一般的によく挙げられる（1）〜（5）の項目をまとめればよいでしょう。それでは、（1）から順番に、解説を進めていきます。

●方法部分
（1）実験参加者
（2）刺激
（3）器具・装置
（4）実験計画
（5）手続き（＋教示）

3.2.1 （1）実験参加者

ここでは、実験に参加した人の合計人数や男女比、平均年齢、年齢幅、参加者の属性（大学生、会社員など）、被験者の選定方法（無作為抽出、有意抽出、授業の一環として参加等）を記述します。

そのほかに、**実験内容に影響がありそうな事柄**についても書いてください。例えば、ストループ効果の実験であれば、人間の視覚に関する実験なので、「被験者の視力（裸眼または矯正）が健常であったかどうか」も記述します。さらに、「参加者が実験の目的に関してナイーブであったか」も述べると完璧です。

Let's Try!

参考論文❽も参照し、実験参加者についてまとめよう。

3.2.2 （2）刺激

　ここでは、反応を測定するために使われた刺激について述べます。刺激図形は実験によって様々ですが、刺激の特徴について、詳細な説明が必要です。今回のストループ実験で記述すべき事柄は、参考論文❿や Figure 3-2 を参考に考えてください。

　また、文章での説明に加え、刺激の例（Figure 3-2）を載せることもあります。刺激のイメージが伝わればよいので、今回は部分的に掲載すれば十分です。なお、レポート・論文では、カラーを使うことができません。したがって、実験で使用した刺激がカラーであっても、白黒またはグレースケールに直して掲載してください。

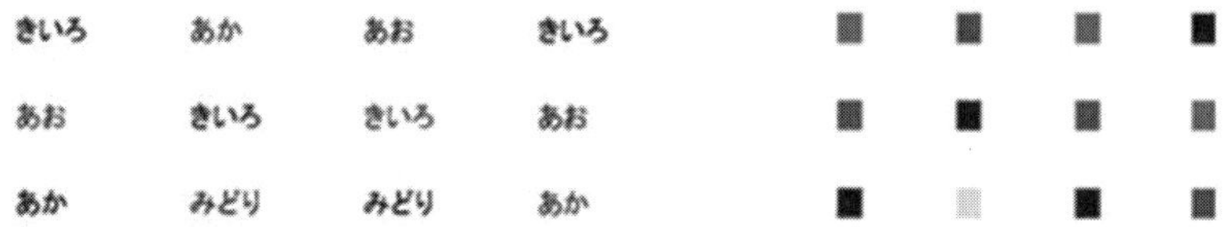

きいろ	あか	あお	きいろ
あお	きいろ	きいろ	あお
あか	みどり	みどり	あか

（a）不一致条件（実験群）　　　　（b）色パッチ条件（統制群）

Figure 3-2.　色名呼称実験で使われた刺激の例。
注）実際の刺激はカラーであったが，グレースケールに変換して示した。（a）不一致条件の刺激では，例えば"きいろ"の文字が，それ以外の赤，青，緑のいずれかで印字されていた。（b）色パッチ刺激では，赤，青，黄，緑の色パッチが，A4 サイズの白色用紙に 10 行 10 列で印刷されていた。

Let's Try!

　刺激の特徴をまとめてみよう（参考論文❿）。

3.2.3 （3）器具・装置

実験で使用した器具、装置の類を記述します。ただし、一般的な筆記用具（例えば、所要時間を記録するために使用した鉛筆や紙）などは、実験の結果に影響を与えないので、記述不要です。

Let's Try!

使用した器具について、使用目的、メーカー名＋型式（既製品の測定器の場合）を含めてまとめよう（参考論文❾）。

> 例）〇〇を測定するために，××（メーカー＋型式）を使用した。

_____
_____
_____

3.2.4 （4）実験計画

独立変数（要因）と従属変数（測定値）、実験計画を記述します。

Let's Try!

初めに概要を書き出したうえで、文章化してみよう（参考論文❼）。

●独立変数　_____

●従属変数　_____　測定単位［　　　　］

●実験計画　　　被験者間・被験者内　　　計画

_____
_____
_____

3.2.5 （5）手続き（＋教示）

　実験の手続き（実験開始〜終了までの流れ）について、時間的な経過にそってまとめます。自分が実際に行った実験の手順を、行った順に、漏れなく記述していきます。また、実験に先立ち、練習試行を行った場合は、それについても触れてください。

　さらに、実験の際に被験者に対して与えた教示（実験方法の説明）についても、手続きとの重複部分を除いて記述してください。

Let's Try!

　実験の手続きをまとめてみよう。まとめる際は、実験の手引書を参考にしてもかまいませんが、丸写しはいけません。自分の言葉に直してまとめるようにしてください（参考論文⓫）。

● **Point**　同じ実験を初めて実施する人が、皆さんの書いた手続きを読んで、実験を再現できるように書いてください。

3.2.6 まとめ（「方法」部分の構成）

Let's Try!

（1）～（5）でまとめた項目に、それぞれ見出しを付けて整理して、「方法」部分を完成させよう。「方法」では、項目ごとに見出しを付けることが必須です。

------------------------------ 1行あける ------------------------------
方法
------------------------------ 1行あける ------------------------------

実験参加者

刺激

器具・装置

実験計画

手続き

3.3 結果

「結果」では、実験で得られた結果（事実のみ）について簡潔に記述します。事実のみを書くとは、自分の解釈を入れないということです。その点が、この後 3.4 節に続く「考察」との違いになります。

ストループ効果の測定結果に対し、どのような統計分析を行い、いかなる結果が得られたかを、具体的な統計量や数値に触れながら、過去形の文章でまとめていきます。また、必要に応じて、結果を図あるいは表にあらわします。

なお、この節では、レポート・論文中には含めないローデータの整理についても触れることとします。データ処理の基本となるからです。それでは、以下、(0) ローデータの整理から順番に解説を進めていきます。

●結果部分
　(1) 記述統計：平均値、標準偏差
　(2) 図または表の作成
　(3) 統計的検定：t 検定（被験者間計画）

3.3.1 (0) ローデータの整理

結果について分析・記述するために、まず、実験で収集した各被験者のデータを表に整理します。今回は、二つの条件（不一致条件、色パッチ条件）を比較することが目的なので、測度別、条件別にデータを入力してみましょう。

なお、ローデータを、そのままレポートに載せる学生がいますが、それはいけません。ローデータは、被験者の人数分だけあり、心理学実験のような少人数制の講義ではわずかでも、実際の研究では 100 以上と膨大であることも多いのです。したがって、平均値などの代表値で要約して、データの特性を表すことが基本になります。

Let's Try!

データ整理には、次ページの表または統計ソフトを活用してください。
(1) 所要時間に関して、ローデータを、条件別に表にまとめよう。
(2) 誤答数に関して、条件別に、表にまとめよう。

3.3.2　（1）記述統計：平均値、標準偏差の算出

　今回の目的は、二つの条件の間で、所要時間や誤答数が異なるかどうかを検討し、ストループ効果が生じたか否かを確認することです。そこで、各条件の平均値等を算出し、見た目にどのくらいの差異があるか、比較してみましょう。

Let's Try!

（1）測度別、条件別に、平均値と標準偏差を算出しよう。
（2）平均値と標準偏差について、傾向などを簡単に文章でまとめておこう。

〈所要時間〉

〈誤答数〉

3.3.3 （2）図・表の作成

「結果」では、データ分析の結果を、図や表にあらわすことがあります。ただし、図・表の掲載は必要最小限としてください。また、同一のデータについて、図と表の両方を載せることは禁止されています。

なお、図と表のいずれが良いかは、あらわしたい内容によります。

・図……大まかな傾向を表現したいときに向いています。
　　　　視覚的な理解にうったえ、一見してデータの特徴をつかめるようにします。
・表……数値そのものを直接示したい場合に適しています。

さて、ストループの結果では、どんな表現が考えられるでしょうか？　ここでは、図・表の作成について解説します。

図の作成

まず、以下の区別にしたがって、適切なグラフを選びます。

折れ線グラフ➡独立変数（横軸）が連続的に変化するとき。
　　　　　例）時間、長さ、角度

棒グラフ　　➡独立変数がカテゴリーであるとき。
　　　　　例）国名、性別、質問への「はい」「いいえ」の回答

Let's Try!

☑ Checklist【作図のポイント】および1章1.5節を参照しながら、所要時間の図を描いてみよう。

> ☑ Checklist【作図のポイント】
> □白黒で作成してありますか（カラーは使用不可）
> □必要に応じて、目盛が入っていますか（特に、縦軸）
> □縦軸の意味（何を表すか）および測定単位は書いてありますか
> □横軸には、条件や試行など、横軸のあらわす事柄が書かれていますか
> □複数の折れ線や棒が描かれているとき、区別しやすい線種や模様になっていますか
> □背景に、余分な線や色が付いていませんか
> □図の番号とタイトル（図の内容を明快にあらわすもの）は付いていますか
> □図のタイトルは、図の下に配置してありますか
> □必要に応じて、図の説明が、タイトルの下に付いていますか
> □一見して、何を表す図であるのか、わかるようになっていますか

※図の番号は通し番号でつけること。

表の作成

　表では、一つの表の中に、単位の異なる所要時間と誤答数の結果を記入できる、というメリットがあります（図では、単位が異なると縦軸の意味が変わってくるため、基本的に不可）。

Let's Try!

　以下に、所要時間に関する条件別の平均値と標準偏差、誤答数に関する条件別の平均値と標準偏差を書きこみ、表を完成させよう。作成の際は、次ページの ☑ Checklist【作表のポイント】および1章1.5節を参照してください。

3.3 結果 77

```
┌─────────────────────────────────────────────────────────┐
│  ☑ Checklist【作表のポイント】        ★表オリジナルのポイント │
│★ □横線は、可能な限り、少なくしてありますか                    │
│★ □縦線は基本的に使用しません（または最小限）                  │
│   □数値の桁数や小数点の位置はそろえてありますか               │
│   □白黒で作成してありますか（カラーは使用不可）               │
│   □測定単位が書いてありますか                                │
│   □表の番号（通し番号）とタイトルは入れてありますか           │
│   □表のタイトルは、表の上に配置してありますか                 │
│   □必要に応じて、表の説明が、表の下部に付いていますか          │
└─────────────────────────────────────────────────────────┘
```

3.3.4 （3）統計的検定：t 検定（被験者間計画）

（1）で条件別の平均値と標準偏差を算出したので、データの大まかな傾向は把握できました。今度は二つの平均値の間の有意差を調べる **t 検定** を行って、2条件の平均値の間に、統計的な有意差があるかどうかを検討してみましょう。

t 検定の詳しい解説は、鵜沼秀行・長谷川桐（2016）. 改訂版　はじめての心理統計法　東京図書　7章 p.197〜を参照してください。

■ t 検定を始める前に

t 検定では、**対応の有無**（被験者間計画、被験者内計画）によって計算方法が異なります。自分のデータが、いずれに該当するかを、まず確認してください。

被験者間計画では、二つの条件に異なる被験者が割り当てられます。今回の例で言えば、各被験者が不一致条件か色パッチ条件のいずれか一方のみを行ったという場合です。それに対し、**被験者内計画**とは、各被験者が不一致条件と色パッチ条件の両方について測定を行った場合です。

対応の有無を確認したら、次は、**検定の方向**（片側検定、両側検定）を決めてください。検定の方向は、研究仮説から判断します。例えば、「不一致条件の所要時間は、色パッチ条件の所要時間より長い or 短い」というふうに、二つの条件間で大小関係が仮定されるならば、**片側検定**になります。一方、「不一致条件の所要時間と色パッチ条件の所要時間は異なる」というふうに、2条件間で大小関係を仮定しないならば、**両側検定**です。

Let's Try!

それでは測度別に t 検定を実施して、結果を下記のテンプレートに整理しよう。

〈実施する t 検定の概要〉 対応の有無 [　　　　　] 検定の方向 [　　　　　]

〈所要時間〉	検定結果（有意差の有無）[　　　]	t 値 [　　　]
df [　　] 有意確率 [　　　] 効果量 [　　　] 効果量の評価 [　　　]		
★統計的結論　　t (　　) = 　　, p 　　 d =		

※ df＝自由度

効果量は Cohen の d を使用。大きさの評価基準は次のとおり。
$d = 0.2$（効果量小）
$d = 0.5$（効果量中）
$d = 0.8$（効果量大）

〈誤答数〉	検定結果（有意差の有無）[　　　]	t 値 [　　　]
df [　　] 有意確率 [　　　] 効果量 [　　　] 効果量の評価 [　　　]		
★統計的結論　　t (　　) = 　　, p 　　 d =		

Let's Try!

以下の【まとめ方の例】を参照し、t 検定の結果を文章でまとめよう。

【まとめ方の例】＊効果量（Cohen の d）は有意差の有無によらず記載。

　所要時間に関して，○○条件と○○条件の平均値の間に統計的な有意差があるかどうかを検討するために，対応のない t 検定（片側）を行った。結果は，○％水準で有意差が認められた（t (　　) = 　　, p 　　, d = 　　）。

初めに、実施した t 検定の概要（従属変数、2つの条件、対応の有無、検定の種類、検定の方向など）を記述してください。そのうえで、検定の結果（有意差の有無）を明示し、統計的結論と効果量を記載します。

〈所要時間〉

〈誤答数〉

3.3.5 まとめ（「結果」部分の構成）

Let's Try!

（1）〜（3）でまとめた内容を組み込んで、「結果」部分を完成させよう。なお、3.3.3項（2）で、同一のデータについて図と表の両方を作成した場合は、いずれか一方を掲載すること。

● **Point ①** 分析の複雑さ・順序を考慮すること。今回は、平均値と標準偏差を算出したうえで、有意差の有無を検定しているので、初めに記述統計の結果をまとめて、次に t 検定の結果をまとめるとよい。

● **Point ②** 図表を掲載する場合は、文章中で言及が必要（参考論文❷）。

---------------------------- 1 行あける ----------------------------
結果
---------------------------- 1 行あける ----------------------------
（本文書き出し）

80　第3章　ストループ効果& t 検定

3.4　考察

　「考察」では、結果を解釈し、以下の5点についてまとめます。この際、大事なことは、統計分析の結果に基づいて述べることです。分析結果をふまえない考察や、自分にとって都合の悪いデータを無視して話を進めることは、完成度の低い考察につながります。

　それでは、（1）～（5）にしたがって、解説を進めます。

●考察部分
（1）要約、仮説の結論
（2）結果の解釈（実験結果をどのように説明するか）
（3）先行研究との比較
（4）今後の課題と研究の限界
（5）結論

3.4.1　（1）要約、仮説の結論

　考察の冒頭で、実験の目的と結果について、簡潔に**要約**します（参考論文❶）。そのうえで、実験において仮説を立てている場合は、**仮説が支持されたかどうか**の結論を必ず述べます。

　仮説通りの結果になったとき、「仮説は支持された」と言います。一方、仮説通りの結果にならなかったとき、「仮説は支持されなかった」と言い、その原因を考察します。また、完全に仮説通りの結果ではないが、一部は仮説と一致しているという場合は、「仮説は部分的に支持された」などと言います。その場合は、仮説のどの部分が支持され、どの部分が支持されなかったのかを明確にしてください。

　なお、仮説は論文の初め（問題部分）で述べられているので、ここでは仮説の内容を再確認できるような記述形式で書いてください。

例）　　　　　　……。これらの結果から，○○○という仮説は支持された。
　　　　　　　　　　○○○という仮説は支持されなかった。
　　　　　　　　　　○○○という仮説は部分的に支持された。

Let's Try!

今回の研究の要約と仮説の結論をまとめてみよう（参考論文⓱）。

3.4.2 （2）実験結果をどのように説明するか

　実験で得られた結果を解釈し、説明を与えます。結果をどのような理論・原因で説明するかということです。説明には、著者オリジナルの説明を与える場合もあれば、先行研究の解釈を用いることもあります。

　今回は、「ストループ効果が生じた」という結果に対し、説明を与えなければなりません。しかし、それは初学者にとって難題だと思います。そういうときは、参考論文❶を再度読んでみてください。他の研究者がストループ効果の原因をどのように考えているかがわかるはずです。そうしたら、それを自分の言葉に直して引用することで、結果に説明を与えることができます。

　なお、「ストループ効果が生じなかった」という結果が得られた場合は、それが本質的な結果なのか、それとも実験を行う際の方法論的な問題によるのかを考える必要があります。詳しくは、4章4.4.2項の側注や研究法の本を参照してください。

Check it!　参考論文で、方法論的な視点による説明の例を確認してみよう。

参考論文⓴　「3つの変形単語条件間において干渉量の差があらわれなかった」という結果に対し、「各変形単語条件間の差は、明確な違いを検討して設定したものではなかった」という方法論的な問題点を指摘しています。

82　第3章　ストループ効果 & t 検定

Let's Try!

解説をふまえて、実験結果の説明をまとめてみよう。

3.4.3　（3）先行研究との比較

「問題」で引用した先行研究の結果と、自分の実験結果を比較して、一致点、相違点をまとめます。また、相違点については、一致しなかった理由も述べてください。

Let's Try!

先行研究の結果と自分の結果を比較しよう（参考論文⑲）。

一致点

相違点

一致しなかった理由

3.4.4 （4）今後の課題と研究の限界

　今回の実験で、検討しきれず残った課題や、説明のつかなかった結果等があれば、それに関する検討方針を具体的にまとめます。また、3.4.2 項（2）で、方法論的な視点から結果の説明を行った場合、そこで指摘した問題点も、今後の検討課題の一つになります（参考論文⑳→㉑を確認）。

　研究の限界については、今回の実験結果をどこまで一般化できるか、という話です。具体的には、研究対象の範囲、研究方法、サンプル（標本）抽出などの観点を考慮して、記述してください。

Let's Try!

参考論文㉑を一読のうえ、まとめてみよう。

3.4.5 （5）結論

Let's Try!

最後に、研究によって明らかになったことやその意義を、簡潔にまとめます。

3.4.6 まとめ（「考察」部分の構成）

Let's Try!

（1）〜（5）でまとめた内容について、適宜段落を変えて整理して、「考察」部分を完成させよう。

------------------------------ 1行あける ------------------------------
考察
------------------------------ 1行あける ------------------------------
（本文書き出し）

3.5 引用文献

Let's Try!

日本心理学会「執筆・投稿の手びき」や本書１章を参照し、レポート・論文中で引用した文献のリストを作成しよう。

引用文献は、日本人も外国人も、著者姓でアルファベット（ABC）順に並べます。以下のリストには、日本語書籍の例が記載されています。著者名が、人名ではなく、「研究会」である点がこの本の特徴です。記述形式を確認してください。

---------------------------------- １行あける ----------------------------------
引用文献
---------------------------------- １行あける ----------------------------------
心理学実験指導研究会（編）（1985）．実験とテスト＝心理学の基礎　実習編
　　培風館

日本心理学会「心理学研究」執筆・投稿の手びき
http://www.psych.or.jp/publication/inst.html

〈基本的な記述形式〉
論文
著者名、出版年、タイトル、雑誌名、巻数、ページ番号
＊日本語論文では、巻数をイタリック体に、外国語論文では、雑誌名と巻数をイタリック体にします。ページ番号は、最初と最後のページを記載します。

書籍
著者名、出版年、タイトル、出版社名
＊外国語書籍の場合、出版社名の前に、出版地も記載します。また、タイトル（書名）はイタリック体にします。

Memo

第4章 パーソナルスペース&分散分析

学ぶこと

- 社会心理学的な実験法
  （対人行動の測定）
- 方法や結果の図表現
- 分散分析結果の文章表現

キーワード

パーソナルスペース（個人空間）

社会心理学、環境心理学

分散分析（1要因被験者内計画）

本章では、以下の実験計画に基づき、論文・レポートの作成過程を解説します。

【概要】
実験の目的は、パーソナルスペース（対人距離）が侵入方向によって異なるかどうかを検討することです。「侵入の方向」を要因として取り上げ、8方向（正面・背後・右横・左横・右前・左前・右後・左後）のパーソナルスペースについて、被接近実験によって測定します（被験者内計画）。結果の分析では、記述統計の算出、グラフの作成、分散分析による侵入方向の効果の検討を行います。

88　第4章　パーソナルスペース＆分散分析

参考論文の入手先
http://doi.org/10.4
992/jjpsy.52.124

❶〜❻は「問題」部分です。学術雑誌では、慣例で、問題の見出しを省略することがあります。

❶初めに、研究テーマであるパーソナルスペースの説明が、一般的な表現で記述されています。☞本文4.1.1項

❷具体的に先行研究を挙げて、研究者によるパーソナルスペースの定義や特徴を紹介しています。☞本文4.1.1項

❸自身の研究に直接関連する先行研究を取り上げて、実験計画の妥当性を主張しています。☞本文4.1.1項

❹、❺パーソナルスペースに影響を及ぼす要因の中から、自分の研究に直接関連のある要因（性、支配性）だけを取り上げて、先行研究を紹介しています。☞本文4.1.1項

❻自身の研究の位置付け（先行研究との差異）を明確にしています。☞本文4.1.2項、Step3

❼被験者は、現在の規定で、「実験参加者」と記述します。☞本文4.2.1項

■参考論文

個人空間に及ぼす性と支配性の影響
青野篤子
心理学研究，1981，巻52，124-127

●論文全体に対する注意点
注1）参考論文は1981年に出版されたものです。したがって、現在の執筆規定（様式）とは異なる部分があるので、注意してください。
注2）Table1、2、3は省略してあります。

❶　我々は他者との相互作用においてある一定の距離を保つ傾向がある．このことは，我々が自分のまわりに，自分のものと感じ他者の侵入を許さない領域をもっていることを示している．このような領域を個人空間 personal space とよんでいる．

❷　Little（1965）によると，個人空間は，"他者との相互作用の大部分が行なわれるところの，直接に個人をとりまく領域である"（p.237）と定義されている．また，Sommer（1959）はこれと類似のテリトリー概念との相違点として，(a) 固定した地理的関係点をもたないこと，(b) 携帯が可能なこと，(c) 状況によって拡大縮小することの3点をあげている．言うならば，個人空間はある個人と他者との間にあって緩衝帯として機能する領域である．

❸　一般に，個人空間は正面で最も広く，横・後方へと正面からずれるに従って狭くなる（田中，1973）．これは，他者の侵入に対する許容度が身体の方向によって異なることを意味する．個人空間がこのような異方性を有することを考えれば，あらゆる方向で他者との距離を測定する必要があろう．また，個人空間の定義に従えば，被験者を固定した被接近事態で測定するのが望ましいと思われる．

❹　こういった個人空間の大きさを規定する要因にはどんなものがあるだろうか．まず，性の要因があげられよう．従来の研究では，一般に，女性同志が相互作用を行なう距離は男性同志のそれより小さいという結果が得られている（青野，1980; Bauer,1973; Baxter,1970; Tennis & Dabbs,1975）．また，女性は相手が女性の場合より男性の場合の方が大きい距離をとる

（Dosey & Meisels,1969）．これらの事実は，女性の個人空間が男性の個人空間より小さい（侵入されやすいこと）を意味するものであろうか．この点について，被接近事態を用いて明確にしたい．

❺　次に，支配性ないし地位の要因が考えられる．Frieze & Ramsey（1976）によると，支配性とは他の個体に及ぼす統制力・影響力であり，動物界では支配性の高い個体ほど高地位を占め，より大きな個体空間を所有しているという．また，人間の社会行動についても，より大きい空間やより快適な空間が地位の高い人に与えられる事実が観察されている（Hall 国弘訳，1966）．Barash（1973）が個人空間に及ぼす地位の影響を検討したところ，相対的に地位の低い者の方が地位の高い者に空間を譲り渡すことが明らかになった．

❻　ところで，人間社会においては地位は社会的位置の序列であって，パーソナリティ特性としての支配性がそのまま反映されたものとは言い難い．そこで，本研究では，第2の要因として支配性をとりあげ，個人空間との関係を検討したい．

方　法

------------------------ （中略） ------------------------

❼　被験者　心理学を受講する大学生（男性90名，女性100名）にバーンルーター人格目録日本版（Kobayashi Bernreuter Personality Inventory, KBPI）を実施し，男女別にそれぞれ高支配群20名，低支配群20名，合計80名の被験者が抽出された．その際，難聴の者と

左利きの者は除外された．

❽　接近者　被験者とは未知の男子学生（身長172cm）と女子学生（身長153cm）が1名ずつ，接近者として選ばれた．

被験者には，相手の人も同年齢の学生であるとの情報が与えられた．それぞれの被験者は男性接近者，女性接近者のいずれかに割りあてられた．服装によって印象が大きく変わることのないよう，接近者が実験中に着用する上衣は同一とされた．また，接近者は，歩幅・歩調などをできるだけ一定にするように，顔の表情もあまり変えないように訓練を受けている．

❾　手続き　実験上の手続きは田中（1973）に従っている．実験室の床に中心から8つの方向（45度間隔）に2mの長さのビニールテープをはり，1cmごとに目盛をうっておく．実験室の明るさを一定にするために暗幕と蛍光灯を使用した．

------------------------- （中略） -------------------------

教示が与えられると，被験者は8本のテープの中心に立ち，一方，接近者は実験者が指示した番号のテープの端に立つ．接近者は，被験者が合図をした所で止まり，自分のつま先の位置に印をつけておく．指示される方向の順序はランダムで，各方向につき1回ずつの測定が行なわれる．正面測定の際に被験者が目をそらした場合には，再度測定される．

結　果

❿　被験者の性×被験者の支配性×接近者の性の3要因に被験者内変数として方向の要因を加え四元配置の分散分析を行なったところ，方向の主効果のみ有意で（$F_{(7,504)}=4.52, p<.01$），やはりここでも，個人空間が異方的構造をもつことが確認された．方向別・男女別の距離はFig. 1に示す通りである．男女をこみにした距離に関して，左斜め後と真後との差が有意でなかった他はすべて有意差が認められ，個人空間は正面が最も広く，横，後方としだいに狭くなると

言える．

次に，方向別に三元配置の分散分析が行なわれた．その結果，正面，左斜め前，右斜め前でのみ有意な効果が見られた．正面と右斜め前では被験者の性の主効果が有意であり（Table 1, 2），これらの方向で男性は女性よりも他者と大きい距離をとることが明らかにされた（Fig. 1参照）．右斜め前では被験者の性と支配性との交互作用も有意であり，支配性の低い被験者で上のような男女差が強く現われることがわかる（高支配群，77.5 vs. 76.7；低支配群，89.3 vs. 66.6）．こういったことから，全般的に，個人空間の前方は女性より男性の方が大きいと言えよう．

------------------------- （中略） -------------------------

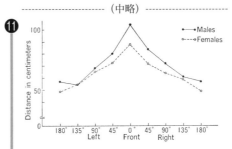

⓫

Fig. 1.　Mean distance as a function of sex of subject×angle.

考　察

⓬　本研究で明らかになったのは，まず，個人空間は正面が最も広く，正面から遠ざかるにつれて狭くなること，つまり個人空間が異方性をもつことである．これは，Argyle & Dean（1965）の均衡理論からも推論されよう．すなわち，それは，親密さが一定ならばそれを伝達する様々なノンバーバルコミュニケーションの総和も一定であるから，その要素の一部分がある方向に変化すると別の要素は逆方向に変化するというものである．ここでは，視線の交錯 eye-contact 頻度の減少に伴って距離が増大したと考えられる．

⓭自身の研究結果と先行研究の結果が比較されています。☞本文4.4.4 項
それに続いて、先行研究の解釈（性規範の影響）を用いて、結果に説明が与えられています。☞本文 4.4.3 項

⓮今後の課題が述べられています。☞本文4.4.5 項

⓯引用文献の記述形式は、現在の執筆規定と異なるので注意してください。最新の規定については、日本心理学会「執筆・投稿の手びき」を参照してください。
http://www.psych.or.jp/publication/inst.html

個人空間に影響を及ぼす他の要因も検討されたが，有意な効果が見出されたのは個人空間の前方のみであった．

⓭ まず，性の要因についてであるが，前方では男性の個人空間は女性の個人空間より大きいという結果が得られた．これは従来の諸研究の結果と一致するものである．Frieze & Ramsey (1976) はこれを性規範の影響によるものと解釈している．すなわち，一般に女性はひかえめであることが望ましいとされ，一方男性は能動的であることが望ましいとされているため，個人空間の使用に上述のような差が生じるというものである．

------------------------ （中略） ------------------------

パーソナリティ特性としての支配性の要因は何ら有意な効果をもたらすものではなかった．有意な交互作用効果も容易に解釈できるものではない．動物界では個体の地位（支配性）が高ければ高いほど個体空間も大きいこと，人間社会でも地位に応じた空間所有が認められることは前述のとおりである．ただ，人間社会での空間所有は，よりマクロな空間に関して制度的に行なわれていると言えよう．すなわち，地位の高い者はより広い部屋，家，庭などを所有する傾向にある．このために，逆に，個人の特性（支配性）に応じた空間要求は抑制される方向にあるのかもしれない．

⓮ しかし，Fromme & Beam (1974) は支配性が高いほど相手に接近するという結果を得ており，接近距離と被接近距離との相違も含めて今後の検討が必要であろう．

⓯　　　　　　　　引用文献

青野篤子 1980 対人距離に関する発達的研究 実験社会心理学研究，**19**, 97-105.

Argyle, M., & Dean, J. 1965 Eye-contact, distance, and affiliation. *Sociometry*, **28**, 289-304.

Barash, D. P. 1973 Human ethology—

personal space reiterated. *Environment and Behavior*, March, 67-72.

------------------------ （中略） ------------------------

Hall, E. T. 国弘正雄他訳 1966 沈黙のことば 南雲堂

Little, K. B. 1965 Personal space. *Journal of Experimental Social Psychology*, **1**, 237-247.

------------------------ （中略） ------------------------

Sommer, R. 1959 Studies in personal space. *Sociometry*, **22**, 247-260.

田中政子 1973 Personal space の異方的構造について　教育心理学研究，**21**, 19-28.

------------------------ （中略） ------------------------

4.0　はじめに（本章のテーマについて）

　本章では、**パーソナルスペース**に関する研究例を取り上げます。人は皆、自分のまわりに目に見えない自分だけの空間をもっています。それが個人空間＝パーソナルスペース（Personal Space）です。

　他人が自分のパーソナルスペースに入ってくると、不快感やストレスを感じ、その状況を回避するための行動（逃避、退避、攻撃）をとります。つまり、私達が快適な生活を送るためには、他者との間に一定の距離を保つことが必要であり、私達は、意識的にも無意識的にも、パーソナルスペースを活用しているのです。

　パーソナルスペースについては、**社会心理学**や**環境心理学**の分野で研究が行われています。研究対象とするためには、目に見えないパーソナルスペースを、目に見える形で数値化する必要があります。パーソナルスペースを実測する方法として、二者間の距離を測定するという方法があります。

Figure 4-1.　個人空間のイメージ。

　一つは**被接近実験**といわれるもので、被験者は、接近してくる相手に対して、不快感を感じたところでStopをかけ、その時の二者間の距離を測定するという方法です。このことから、パーソナルスペースを「対人距離」と呼ぶこともあります。

　二つめは**接近実験**といわれる方法で、逆に、被験者自らが相手に近づいていき、『これ以上近づくのは辛い』というところで止まります。このようにして、個人空間の大きさを知ることができます。

　なお、パーソナルスペースの大きさには個人差があります。また、同じ人であっても、その時の状況や相手によって**拡大・縮小**します。パーソナルスペースに影響を与える要因には、性別や性格、環境要因など多数の事柄が指摘されており、それらに基づいた様々な実験計画が考えられます。その中から今回は、侵入方向の要因に関する実験計画を想定して、論文のまとめ方を解説します。

参考図書
●佐古順彦・小西啓史（2007）. 朝倉心理学講座12　環境心理学　朝倉書店
パーソナルスペースに関する節があります。ポイントを押さえて簡潔にまとめられているので、短時間で概要を把握するには良いでしょう。

●渋谷昌三（1985）. 人と人との快適距離　パーソナル・スペースとは何か　NHKブックス
以前はこのようなパーソナルスペースに特化した本もありました。ただ、絶版になっている本もあるので、図書館で探してみてください。

4.1 問題

「問題」では、研究で取り上げる問題（テーマ）に関する説明や問題意識、先行研究、研究仮説、目的について記述します。

今回は、以下の4点について、見出しを付けてまとめましょう。それでは、以下、（1）～（4）にしたがって、解説を進めていきます。

●問題部分
　（1）問題
　（2）先行研究
　（3）目的
　（4）仮説

4.1.1 （1）問題

ここでは、**問題（研究において議論するテーマ）に関する説明**や**問題意識**（研究者がその問題を重要なことと捉え、扱おうとする意識）についてまとめます。

なお、問題部分の書き出しは論文の導入部分になるので、いきなり専門用語から始めるようなこと（例えば「パーソナルスペースとは……」）は避け、一般的な表現を用いるようにしましょう。

> Check it!　参考論文❶で、問題の書き出しを確認してみよう。
>
> **参考論文❶**　我々は他者との相互作用においてある一定の距離を保つ傾向がある．このことは，我々が……
>
>
>
> ❷の専門的な定義と比較すると、❶はより一般的な言葉で記述されています。

Let's Try!

参考論文❶～❺も参照のうえ、パーソナルスペースに関する一般的な説明（パーソナルスペースとはいかなるものか、どんな特徴や性質をもっているか）と、今回取り上げる問題の概要（パーソナルスペースに影響を与える要因の中で、研究目的に

直接関連するもの：侵入方向の要因）についてまとめてみよう。

4.1.2 （2）先行研究の概観（研究史）

　ここでは、過去に行われた研究の中から、自分の研究目的と直接関連する研究（**先行研究**）を取り上げて、当該テーマにおける研究の進捗状況をまとめます。そのうえで、自身の研究の位置付けを明らかにします。具体的な作業は、以下のステップにしたがって、進めましょう。

　Step1　先行研究の検索・入手
　Step2　先行研究の要約の作成
　Step3　自分の研究の位置付け

Step1）先行研究の検索・入手

　まず、研究目的に関連した文献を、インターネットで探します。日本語の論文であれば **J-STAGE**（科学技術情報発信・流通総合システム）や国立情報学研究所による **CiNii** を、外国語の論文であれば **PubMed** などの Web サイトを使って検索するとよいでしょう。関連する論文が一つ見つかると、その論文の引用文献リストから、さらに関連する文献を知ることができます。

①キーワード「心理学　パーソナルスペース」で検索
　内容が限定的になるとヒット件数が少なくなるので、最初は論文のタイトルにあげられるようなキーワードで検索してみよう。そして徐々に絞り込んでいきます。
②検索結果一覧→タイトルや要約を確認
　要約を読んで、自分の研究との関連性を判断します。

> **Let's Try!**
> 調べた論文のうち、研究目的に直接関連するものを記載しよう。

1）

2）

3）

Step2）先行研究の要約の作成

　Step1で調べた関連論文を読み、これまでどのような研究が行われてきたのかを、**要約**としてまとめます。まとめる内容は①目的、②方法、③結果です。ただし、引用する全ての研究について、①〜③をまとめる必要はありません。自分の論文上の議論で必要な部分や、後の考察において結果の比較に用いる内容を、簡潔に要約・引用してください。

> **Let's Try!**
> 解説をふまえて、先行研究の必要箇所を要約してみよう。

①目的

②方法

③結果

Step3) 自分の研究の位置付け

ここでは、Step2で引用した先行研究と自身の研究との差異について述べ、自分の研究の位置付けを明らかにします。具体的には、自分の研究が、これまでの先行研究と比べてどんな点で新しいかをまとめます。詳しい説明は、3章3.1.2項のStep3を参照してください。

Check it!　参考論文❻で、研究の位置付けを確認してみよう。

参考論文❻　ところで，人間社会においては地位は社会的位置の序列であって，パーソナリティ特性としての支配性がそのまま反映されたものとは言い難い．そこで，本研究では，第2の要因として支配性をとりあげ，個人空間との関係を検討したい．

　先行研究では、パーソナリティ特性としての支配性が検討されていないので、自身の研究では、パーソナリティ特性としての支配性を取り上げる旨を述べ、研究の位置付けを明らかにしています。

Let's Try!

自分の研究の位置付けをまとめよう（側注参照）。

学部2年次の科目「心理学実験」では、代表的な研究テーマの追試を行うことも多いので、その場合には、研究の位置付けについて述べることは不要であると思われます。担当の先生に確認してください。

4.1.3 （3）目的

実験の目的（**どんな方法で、何を検討するのか**）を簡潔に記します。

> 例）本研究では……を検討することを目的とした。

Let's Try!

実験の目的をまとめてみよう。

4.1.4 （4）仮説

ここでは、パーソナルスペース実験の仮説について記述します。仮説とは、**実験条件と予測される結果の関係**を文章化したものです。仮説を述べる際は、単なる推測ではなく、客観的な根拠（先行研究）に基づく必要があります。

> **仮説の基本形**
>
> 「条件が○○のように変化すれば、結果は××となるだろう。」
>
>   　If　　a,　　　then　　b
>
> 　　　　　　　　　　　　　　＊aは実験条件、bは結果についての記述

Let's Try!

仮説として、条件（侵入方向）の変化に伴って、結果（パーソナルスペースの大きさ）がどのように変わっていくかを記述しよう。根拠には、参考論文❸を参照。

> 例）パーソナルスペースは方向によって異なる。すなわち，侵入方向が○○方向から○○方向へいくにしたがって，パーソナルスペースの大きさは×××なるだろう。

［実験条件］

［予測される結果］

仮説

4.1.5　まとめ（「問題」部分の構成）

Let's Try!

これまでまとめた（1）〜（4）の内容を整理して、問題部分を完成させよう。

見出しの必要性等は、適宜自分で判断してください。省略してもかまいません。

---------------------------- 1行あける ----------------------------
慣例にしたがって、中央大見出しを省略する構成もあります。
---------------------------- 1行あける ----------------------------

問題

先行研究

目的

仮説

4.2 方法

「方法」では、研究の方法（何名の人がその研究に参加して、何を使って、いかなる手続きで行われたか）について、項目別に分けて、過去形の文章で記述します。

今回は、実験参加者、器具・装置、実験計画、手続きといった実験において一般的な項目に加え、パーソナルスペース研究に特徴的な接近者についても、見出しを付けてまとめます。

それでは、以下、（1）〜（5）にしたがって、解説を進めていきます。

```
●方法部分
 （1）実験参加者
 （2）接近者
 （3）実験計画
 （4）器具・装置
 （5）手続き（＋教示）
```

4.2.1 （1）実験参加者

実験に参加した人の合計人数や男女比、平均年齢、年齢幅、職業・身分（大学生など）、被験者の選定方法（無作為抽出、有意抽出）などを過去形の文章でまとめます。

さらに、パーソナルスペースに特徴的な内容として、**利き手**についても触れるとよいでしょう。パーソナルスペースに対する利き手の影響が指摘されているからです。

Let's Try!

参考論文❼も参照し、実験参加者についてまとめよう。

4.2.2 （2）接近者

　接近者とは、実験の際に、被験者に近づいていく人（被験者と距離を取る相手）のことです。パーソナルスペースの測定では、接近者の持つ特性や、接近者と被験者の関係性が実験結果に影響を与える可能性があるため、接近者に関しても記述します。

Let's Try!

参考論文❽を参照し、接近者について必要と思われる事柄をまとめてみよう。

4.2.3 （3）実験計画

独立変数（要因）、従属変数（測定値）、実験計画を記述します。

Let's Try!

以下に概要を書き出したうえで、文章化してみよう。

- ●独立変数　　　　　　　　　水準 [　　　　　　　　　　　　　]
- ●従属変数　　　　　　　　　　　　測定単位 [　　　　　　　]
- ●実験計画　　　要因　　　水準の　　被験者間・被験者内　　計画

> 例）要因は〇〇（正面・・左後）であった。従属変数は××（cm単位）であった。実験は，〇要因〇水準の被験者内計画で行われた。

4.2.4 （4）器具・装置

　パーソナルスペースを測定する際に使用した器具類を記述します。ただし、測定値を記録するために使用した筆記用具や記録用紙、接近者や被験者の立ち位置を示す目印に用いたビニールテープなどは、実験の結果に影響を与えないので、記述不要です。また、学生のレポートをみていると、記録用紙の例が図として掲載されていることがありますが、基本的に掲載不要です。

Let's Try!

使用した器具について、使用目的、メーカー名＋型式（既製品の測定器の場合）を含めて、文章でまとめよう。

例）○○を測定するために，××（メーカー名＋型式）を使用した。

4.2.5 （5）手続き（＋教示）

　ここでは、実験の手続き（実験開始～終了までの流れ）について、時間的な経過にそってまとめます。自分が実際に行った手順を、行った順に、漏れなく記述します。また、全体の試行数や各条件の測定順序、くり返しの有無（一つの条件につき1回のみ測定を行ったのか、それとも複数回測定したのか）についてもふれることが必要です。

　さらに、実験参加者に対して与えた教示（実験方法の説明）についても、手続きとの重複部分を省き、記述してください。

　最後に、必要があれば、実験場面の図（Figure 4-2）などを掲載します。

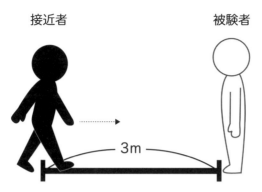

Figure 4-2. 被接近実験におけるパーソナルスペースの測定場面。

Let's Try!

実験の手引書、参考論文❾、側注を参照のうえ、まとめてみよう。

● **Point** 同じ実験を初めて実施する人が、皆さんの書いた手続きを読んで、実験を再現できるように書いてください。

> パーソナルスペースに影響を与える要因として、部屋の広さ（Worchel, 1986）や明るさ（田中, 1973）が指摘されています。したがって、手続きでは、測定場所の広さや明るさについてもふれるとよいでしょう。

102 第4章 パーソナルスペース＆分散分析

4.2.6 まとめ（「方法」部分の構成）

Let's Try!

（1）〜（5）でまとめた各項目に、見出しを付けて整理して、「方法」部分を完成
させよう。「方法」では、項目ごとに見出しを付けることが必須です。

--------------------------- 1行あける ---------------------------
方法
--------------------------- 1行あける ---------------------------

実験参加者

接近者

実験計画

器具・装置

手続き

4.3 結果 103

4.3 結果

「結果」では、実験で得られた結果（事実のみ）を簡潔に述べます。事実のみを書くとは、自分の解釈を入れないということです。パーソナルスペースの測定結果に対し、どのような統計分析を行い、いかなる結果が得られたかを、具体的な数値や統計量に触れながら記述します。また、必要に応じて、結果を図や表にあらわします。

この節では、レポート・論文中には含めないローデータの整理についても、ふれることにします。それでは、（0）～（3）まで順番に解説を進めていきます。

●結果部分
　（1）記述統計：平均値、標準偏差
　（2）図の作成：同心円グラフ
　（3）統計的検定：1要因分散分析（被験者内計画）

4.3.1 （0）ローデータの整理

Let's Try! ●

結果について分析・記述するために、全被験者分のデータを、被験者ごと、条件別に、Excel などに整理しよう。

Sub	正面	右前	右横	右後	背後	左後	左横	左前

104　第4章　パーソナルスペース＆分散分析

4.3.2　（1）記述統計：平均値、標準偏差の算出

Let's Try!

（1）データ入力完了後、方向別の対人距離の平均値と標準偏差を算出しよう。

（2）平均値と標準偏差について、傾向などを文章でまとめておこう。その際、必要に応じて、具体的な数値に触れながらまとめること。全ての平均値や標準偏差を、無駄に羅列する必要はありません。

【まとめ方の例】＊平均値と標準偏差は、桁数を一致させること。

　　はじめに，方向別のパーソナルスペース（cm）の平均値と標準偏差を算出した。パーソナルスペースの平均値は，身体の正中面から右方向に，正面○○ cm（*SD*●●）から背後○○ cm（*SD*●●）まで，後方へいくにしたがって大きくなった（Figure □参照）。一方，左方向に関しては，正面○○ cm（*SD*●●）から背後○○ cm（*SD*●●）へ向かって，パーソナルスペースが大きくなった。パーソナルスペースの変化パターンは，左方向と右方向に関して同様の傾向を示し，左右差はみられなかった……

注）まとめ方の例では、仮説を考慮して、結果を記述してあります。すなわち、右方向と左方向で、正面から背後に向かっての変化として、パーソナルスペースの平均値に言及しました。

4.3.3 （2）図の作成：同心円グラフ

ここでは、パーソナルスペースの図表現について考えます。

〈同心円グラフ〉

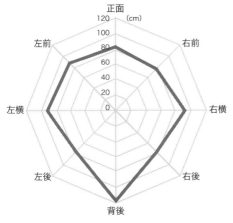

同心円グラフは、パーソナルスペースに特有の図表現です。

心理学において一般的に使用するグラフは、棒グラフと折れ線グラフです。円グラフは、基本的に使いません。

ただし、パーソナルスペースの空間的な広がり（大きさや形）を表現する際は、同心円上にグラフを描きます。

Figure 4-3. 同心円グラフの例。

〈折れ線グラフ・棒グラフ〉

同心円グラフの他に、折れ線グラフや棒グラフも使います。特に、条件間の差異を強調したい時に向いています。

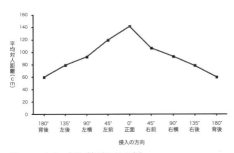

Figure 4-4. 折れ線グラフの例。

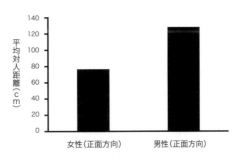

Figure 4-5. 棒グラフの例。

折れ線グラフは、独立変数（横軸）が連続的に変化するとき使用。
例）時間、長さ、角度

棒グラフは、独立変数（横軸）がカテゴリーであるとき使用。
例）国名、性別、有無

折れ線グラフや棒グラフを作成した場合は、3章3.3.3項（2）の☑ Checklist【作図のポイント】を参照し、細部の調整を行ってください。

Let's Try!

今回は、パーソナルスペースに特有の図表現である同心円グラフを作成してみましょう。目盛りの取り方を決めたうえで、条件別の平均値を同心円上にプロットして、それらを結んでみよう。

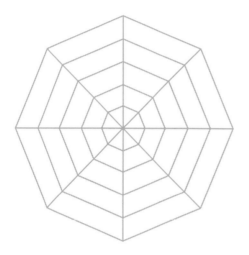

◆Excelで作成する場合は、
【グラフ】→【その他】→【レーダー】

◆レポートに載せる際は、図の番号とタイトルを図の下部に付記

◆必要に応じて、タイトルの下に、図の説明を記入

4.3.4　(3) 統計的検定：1要因分散分析（被験者内計画）

(1)で、侵入方向別のパーソナルスペースの平均値と標準偏差を算出したので、データの大まかな傾向は把握できました。

次は、二つ以上の平均値の差の検定に適用する**分散分析**を行って、要因の効果（侵入方向による平均値の違い）がみられるかどうかを、統計的に検討してみましょう。

(A) 分散分析を始める前に

> 分散分析の詳しい解説
> ☞鵜沼秀行・長谷川桐(2016). 改訂版 はじめての心理統計法 東京図書　8章 p.226〜。

分散分析では、**要因**（測定値に影響を与えると考えられる原因）をいくつ組み合わせるか、各要因に対していくつ**水準**（条件）が設定されるか、各条件の測定値間に**関連があるか**によって、分散分析を用いる実験計画が決まります。

（　）要因（　）水準の被験者間計画 or 被験者内計画

例えば、今回の実験で、「侵入方向」という一つの要因に対して、正面〜背後という8条件が設定されるならば、水準数は8になります→**「1要因8水準」**の実験

さらに、「1要因8水準」の計画に対して、**対応の有無**（被験者内計画 or 被験者間計画）の区別があります。

　例えば、各被験者が、正面〜背後の8条件全てについて測定を行うならば、八つの測定値間には関連（対応）があります→**「被験者内計画」**

「1要因8水準の被験者内計画」

(B) 分散分析でわかること

　分散分析でわかることは、要因（侵入方向）の効果が有意か否か。

〈有意〉　要因の効果がある。

　パーソナルスペース（平均値）は、侵入方向によって異なる。

　ただし、有意＝全ての水準間に差がある、ということを必ずしも意味しません。すなわち、各条件の平均値間の・ど・こ・か・に差がある、ということ。具体的にどの条件間に差があるかは、分散分析だけではわかりません。**多重比較**を行って調べます。

〈有意ではない〉　要因の効果が・あ・る・と・は・言・え・な・い。

　パーソナルスペースは、侵入方向によって異なるとは言えない。

　（要因の効果がない、ということではないので、文章化の際は注意！）

Column 「検定力」について知っておこう！

　水本・竹内（2010）は、統計的検定においては、(a) サンプル・サイズ、(b) 有意水準、(c) 効果量、(d) 検定力の4つが検定結果の良し悪しを決定する要素であり、このうち3つが決まれば残りの1つが決まるという関係を指摘しています。従来の検定では、有意水準 α（有意差がないのにあると言ってしまう第1種の誤りを犯す確率）については考慮されてきましたが、第2種の誤り（有意差があるのにないと言ってしまう）を犯す確率 β については問題とされてきませんでした。「検定力」とは、$1-\beta$ で定義され、有意差があるものを差があると検出できる確率を表します。つまり、検定力に目を向けることで、分析の質があがるわけです。検定力を分析するためのソフトウェア G*Power などが無償で利用できるので、卒論の際は活用してください。

G*Power
http://www.gpower.hhu.de/en.html

検定力およびG*Powerによる検定力分析の方法については、水本・竹内（2010）の論文を参照。
http://www.mizumot.com/method/mizumoto-takeuchi.pdf

108　第4章　パーソナルスペース＆分散分析

Let's Try!

分散分析を行い、パーソナルスペースに対する要因の効果を検討してみよう。分散分析の結果が有意だった場合、多重比較を行って、具体的にどの条件間に有意差があるかを調べよう。分析結果はテンプレートに整理しておこう。

〈実施する分散分析の概要〉

要因［　　　　　］水準数［　　　］従属変数［　　　　　　　測定単位（　　　　　）］

実験計画［　　要因　　水準　被験者間・被験者内計画］有意水準［　　％（.0　　）]

〈分散分析＆多重比較の結果整理用テンプレート〉

検定結果（要因の効果）［有意　or　有意でない］F 値［　　　　　　　　　　］

自由度 df［要因　　　　　，誤差　　　　　］　有意確率［　　　　　　　　］

効果量［　　　　　　　　　］　効果量の大きさの評価［　　　　　　　　　　］

★統計的結論 F（　　　，　　　）＝　　　，p　　　，η_p^2 注 ＝

. . . .

多重比較の方法…［　　　　　　　　　　　　　　　　］

有意差の認められた組み合わせ（興味のある条件間のみ書き出す）

［　　　　　　　］［　　　　　　　］［　　　　　　　］［　　　　　　　］

［　　　　　　　］［　　　　　　　］［　　　　　　　］［　　　　　　　］

注1）効果量（η_p^2）については、自分が使用した指標を記載。
注2）効果量の詳しい解説は、「改訂版はじめての心理統計法」8章 p.235 参照。
注3）効果量の解釈（大きさの目安）などは、水本・竹内（2008）を参照。

Let's Try!

【まとめ方の例】を参照し、分散分析の結果を記述してみよう。完成したら、次ページの ☑ Checklist にて確認してください。

【まとめ方の例】　＊効果量（η_p^2）は、自分が採用した指標を記載。

　パーソナルスペースが方向によって異なるかどうかを検討するために，●●●●を要因とする○要因○水準（正面・背後・○○・○○・○○・○○・○○・○○）の○○○○計画分散分析を行った。その結果，●●●●の効果は○％水準で有意だった（$F(\quad,\quad)=\quad,p<\quad,\eta_p^2=\quad$）。［or　●●●●の効果は有意ではなかった（$F(\quad,\quad)=\quad,p>\quad,\eta_p^2=\quad$）。］

　そこで，多重比較（○○○○）を行ったところ，右横と右後の間を除き，全ての方向間で有意差が認められた（$p<.05$）。これらの結果から，パーソナルスペースは…………。

☑ Checklist【分散分析＆多重比較結果のまとめ方】

□初めに、行った分散分析の概要（要因、実験計画、検定の種類など）が書かれていますか

□「要因の効果が有意だったか否か」が明示されていますか

□統計的結論が記載されていますか→$F(\quad,\quad)=\quad,p\quad,\eta_p^2=$

□効果量は、要因の効果が有意だったか否かに関わらず、統計的結論に併記されていますか

□多重比較の方法が書いてありますか

□多重比較の結果が、有意水準を含め、簡潔に記されていますか
　（仮説を検討するうえで、意味のあるものだけを記述してください）

110 第4章 パーソナルスペース＆分散分析

4.3.5 まとめ（「結果」部分の構成）

Let's Try!

（1）～（3）でまとめた内容や作成したグラフを組み込んで、「結果」部分を完成させよう。

● Point ① 分析の複雑さや順序を考慮すること。今回は、平均値と標準偏差の結果を踏まえて分散分析を行っているので、初めに記述統計の結果をまとめて、次により複雑な検定結果をまとめるとよい。なお、分散分析表は基本的に掲載しません。

● Point ② 図表を掲載する場合は、文章中で言及が必要（参考論文❿）。

------------------------------ 1行あける ------------------------------

結果

------------------------------ 1行あける ------------------------------

（本文書き出し）

4.4 考察

「考察」では、結果を解釈し、以下の5点についてまとめます。
それでは、(1) から順番に、解説を進めていきます。

●考察部分
（1）要約、仮説の結論
（2）結果の解釈（実験結果をどのように説明するか）
（3）先行研究との比較
（4）今後の課題と研究の限界
（5）結論

4.4.1 （1）要約、仮説の結論

考察の冒頭で、実験の目的と結果について、簡潔に**要約**します。そのうえで、仮説を立てている場合は、**仮説が支持されたかどうか**（仮説通りの結果になったかどうか）の結論を必ず述べます。また、仮説が支持されなかった場合、その原因を考察します。仮説は論文の初め（問題部分）で提起されているので、仮説の内容を再確認できるような以下の記述形式で書いてください。

例）　　　　　……。これらの結果から，○○○という仮説は支持された。
　　　　　　　　　　　○○○という仮説は支持されなかった。
　　　　　　　　　　　○○○という仮説は部分的に支持された。

Let's Try!

今回の研究の要約と仮説の結論をまとめよう。

例）本実験の目的は，○○○○○○○○を検討することであった。分散分析の結果，××××××××が明らかになった。この結果から，正面から後方へのパーソナルスペースの減少を示した仮説は支持された。

112　第4章　パーソナルスペース＆分散分析

4.4.2　(2) 実験結果をどのように説明するか

実験の結果を解釈し、得られた結果に対して説明を与えます。結果を、どのような理論・原因で説明するかということです。説明には、著者オリジナルの説明を与える場合もあれば、先行研究の解釈を用いて説明を行うこともあります。

> **Check it!**　　**参考論文で、説明の与え方を確認してみよう。**
>
> **参考論文⓬**「パーソナルスペースが正面方向から後方へいくにしたがって狭くなるという結果は，視線の交錯頻度の減少によるものである」という説明を与えています。
>
> **参考論文⓭**「男性の個人空間は女性の個人空間より大きい」という結果に対し，先行研究（Frieze & Ramsey, 1976）の解釈（性規範の影響）を用いて，説明を行っています。

なお、結果を解釈する際は、方法論的な問題点を考慮する必要があります。方法論的な問題点とは、実験計画上に見られる問題です。詳しい説明は、側注を参照してください。また、3章3.4.2項（2）にも具体例があります。

本来、実験計画を立てる際は、実験結果に影響を与えると思われる要因について、可能な限り統制をおこないます。しかし、全ての要因について予測できるわけではなく、思いもよらない要因が結果に影響を与えていたようだと後々わかる場合もあります。

また、被験者に偏りがあったり、被験者や実験者が実験に不慣れであったりすることで、結果に影響が出る場合もあります。したがって、結果が仮説と大きく離れていたときは、得られた結果について、方法論的な視点からの検討・説明を考えてみてください。

Let's Try!

解説をふまえて、実験結果の説明を考えてみよう。

4.4.3 （3）先行研究との比較

　自分の実験結果と「問題」で引用した先行研究との結果の比較を行い、一致点、相違点をまとめます。相違点については、一致しなかった理由も記述してください。

Let's Try!

先行研究の結果と自分の結果を比較しよう（参考論文⓭）。

一致点

相違点

一致しなかった理由

4.4.4 （4）今後の課題と研究の限界

　今回の実験で、検討しきれず残った課題や、説明のつかなかった結果等があれば、それに関する検討方針を具体的にまとめます。また、4.4.2 項（2）において、結果に対する方法論的な説明を行った場合、そこで指摘した問題点も、今後の検討課題の一つになります。

　研究の限界については、今回の実験結果をどこまで一般化できるか、という話です。具体的には、研究対象の範囲、条件、研究方法、サンプル（標本）抽出などの観点を考慮して、記述してください。

Let's Try!

参考論文❶も一読のうえ、まとめてみよう。

4.4.5 （5）結論

Let's Try!

最後に、研究によって明らかになったことやその意義を、簡潔にまとめます。

4.4.6 まとめ（「考察」部分の構成）

Let's Try!

（1）〜（5）でまとめた内容について、適宜段落を変えて整理して、「考察」部分を完成させよう。

------------------------------ 1行あける ------------------------------
考察
------------------------------ 1行あける ------------------------------

（本文書き出し）

116　第4章　パーソナルスペース＆分散分析

4.5　引用文献

Let's Try!

日本心理学会「心理学研究」執筆・投稿の手びき
http://www.psych.or.jp/publication/inst.html

　日本心理学会「執筆・投稿の手びき」や本書1章を参照して、論文中で引用した文献のリストを作成しよう。

　引用文献は、日本人も外国人も、著者姓でABC順に並べます。以下には、例として、方向別のパーソナルスペースを検討した田中（1973）の論文が記載されています。日本語論文の記述形式になるので確認してください。

田中論文の入手先
http://doi.org/10.5926/jjep1953.21.4_223

〈基本的な記述形式〉
論文
著者名、出版年、タイトル、雑誌名、巻数、ページ番号
＊日本語論文では、巻数をイタリック体に、外国語論文では、雑誌名と巻数をイタリック体にします。ページ番号は、最初と最後のページ（223-232）を記載します。

書籍
著者名、出版年、タイトル、出版社名
＊外国語書籍の場合、出版社名の前に、出版地も記載します。また、タイトル（書名）はイタリック体にします。

----------------------------- 1行あける -----------------------------
引用文献
----------------------------- 1行あける -----------------------------

田中 政子（1973）．Personal Space の異方的構造について　教育心理学研究,
　　21, 223-232.

第**5**章　ミュラー・リヤー錯視と分散分析

学ぶこと

- 調整法
- 精神物理学的測定法
- 一元配置
- 要因計画
- 被験者内計画
- 被験者間計画

キーワード

知覚・認知心理学

錯視　　　　　錯視量

主観的等価点（PSE）

分散分析　　　多重比較

　本章は、代表的な幾何学的錯視であるミュラー・リヤー錯視を材料として、精神物理学的測定法（調整法）によって錯視量を測定する実験を取り上げます。

【概要】
参考論文は、ミュラー・リヤー錯視が角度錯視と同じメカニズムで生じるという仮説の検証を行っています。解説では、ミュラー・リヤー錯視を構成する角度の要因を独立変数とする1要因実験と、角度と辺の長さの2つの要因を取り上げた2要因実験が想定され、それぞれの基礎的な実験の計画と、データの分析方法が解説されています。

■参考論文

ミュラー・リヤー錯視と角度錯視の関係
浜口　惠治
基礎心理学研究 13(2), 89-92, 1995
日本基礎心理学会

❶論文の冒頭で、ML錯視（ミュラー・リヤー錯視）の原因としての角度錯視説が紹介されています。さらに、問題点も指摘されています。

❶　Boring (1942) は、ミュラー・リヤー (MuIIer. Lyer 以下において ML と記述する) 錯視説として幾つか挙げ、そのうちの一つに Brentano の鋭角過大視・鈍角過小視説を挙げている（以下において、鋭角過大視・鈍角過小視を角度錯視と記述する）．ML 錯視は、鋭角は過大視され、鈍角は過小視される傾向があるという一般的原理の特別なケースであり、この主観的な角度変化が、主線を圧縮したり引き伸したりするというのであるが、理由とか細かなことまでは述べていない．

------------（中略）------------

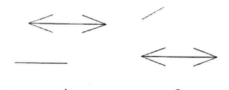

Figure 1. A は、ML 錯視実験の刺激図形の一例（狭角 20°の実験条件刺激図形と上昇系列の比較刺激図形）である．ML 図形の左側の頂点は、パソコンのディスプレイの (200, 150) に位置し、主線の長さは 300 ドット（1 ドット＝0.32 mm)、斜線の長さは 100 ドットである．被験者は ML 図形の下にある比較刺激図形の線分の長さを主線の見掛けの長さと等しく見えるように調整した．
　B は、角度錯視実験の刺激図形の一例（狭角 20°の実験条件刺激図形と下降系列の比較刺激図形）である．ML 図形の左側の頂点は (220, 270) に位置した．被験者は ML 図形の上にある比較刺激図形の線分を左上斜線と見掛け上平行に見えるように調整した．

❷先行研究を取り上げた後、本研究の仮説について述べています。

❷　本論において、ML 図形を用いて、その狭角の角度錯視と ML 錯視とを測定し、ML 図形における角度錯視の有無、及び角度錯視と ML 錯視との関係を研究するため、つぎの仮説を立て、Brentano の角度錯視説の実証的研究を行った．

　仮説　内向 ML 図形の狭角は過大視され、外向 ML 図形の狭角は過小視され、角度錯視と ML 錯視とは負の相関関係になる．

　本実験では主線を水平に一定にして、斜線の角度のみを変化させるので、ML 図形の左上斜線の角度と狭角は一致する．

------------（中略）------------

方　　法

❸被験者については、視力にも言及しています。実験の結果に影響すると思われる事項を書いておきます。

❸　被験者　大学生 15 名（男 7・女 8）が本実験に参加した．全員正常視力かあるいは正常視力に矯正されていた．

❹刺激については、装置も含めて、刺激の空間条件が詳しく記述されています。刺激図形と配置は、図（Figure 1）で示されています。図の注に詳しい説明が追加されています。

❹　刺激　実験は ML 錯視実験と角度錯視実験よりなる．刺激図形は、標準刺激図形と比較刺激図形よりなりエプソン製の PC-286NOTE の白黒液晶ディスプレイ（縦 13cln × 横 21cm) に黒いドット（1 ドット；0.32mm）で描かれて呈示された．標準刺激図形は、主線（水平）が 300 ドット、斜線が 100 ドットで、狭角が 20°・40°・60°・80°・100°・120°・140°・160°である 8 種の ML 図形の実験条件刺激図形（Figure 2 の横軸に示されている）と、ML 錯視実験用の 1 種の統制条件刺激図形（実験条件刺激図形の主線のみ）と角度錯視実験用の 8 種の統制条件刺激図形（実験条件刺激図形の左上斜線のみ）よりなる．

------------（中略）------------

❺手続きは、被験者が実験にどのように参加したかを記述しています。実験の全体的な参加のしかた、調整法の説明、さらに被験者の反応のしかた、教示の要点が述べられています。この項目の最後には、実験の全体的な計画と試行の順序、具体的な試行数、観察距離、所要時間などがまとめられています。

❺　手続　被験者は最初に ML 錯視実験に、1 週間後に角度錯視実験に参加した．被験者調整法（上昇系列 2 回、下降系列 2 回）が用いられ、この 4 回の測定値の平均（以下において PSE (Point of Subjective Equality) と記述する）を各被験者の各条件の見掛けの長さおよび見掛けの角度とした．ML 錯視実験の場合は、標準刺激図形の主線の見掛けの長さと等しく見えるように、比較刺激図形の線分の長さを、キィ・

ボードの左向きあるいは右向きの矢印キィを押すことによって調整し，角度錯視実験の場合は，標準刺激図形の左上斜線と見掛け上平行に見えるように，比較刺激図形の線分の角度を，左向きあるいは右向きの矢印キィを押すことによって調整するようにと被験者は告げられた．

------------------------（中略）------------------------

一人の被験者に対して，ML錯視実験は36回（9条件（8実験条件＋1統制条件）×4ブロック），角度錯視実験は64回（16条件（8実験条件＋8統制条件）×4ブロック）の測定をランダム順に行った．観察距離は約60cmであった．測定は被験者のペースで行われ，所要時間は，ML錯視実験は約5分，角度錯視実験は約11分であった．

結 果

❻ ML錯視実験の各実験条件のPSE（以下において実験条件のPSEをPSEeと記述する）と，これらの実験条件に対応する統制条件のPSE（以下において統制条件のPSEをPSEcと記述する）をFigure 2の下欄に示した．

------------------------（中略）------------------------

Figure 2 のグラフから明らかなように，ML錯視は生起しているといえる（20°条件 $t_{(14)}$ =10.46 $p<.01$；40°条件 $t_{(14)}$ =12.99 $p<.01$；60°条件 $t_{(14)}$ = 11.63 $p<.01$；80°条件 $t_{(14)}$ = 3.55 $p<.01$；100°条件 $t_{(14)}$ = 12.51 $p<.01$；120°条件 $t_{(14)}$ =12.46 $p<.01$；140°条件 $t_{(14)}$ =12.36 $p<.01$；160°条件 $t_{(14)}$ =15.67 $p<.01$）．

------------------------（中略）------------------------

80°鋭角条件において過小視が生じ，100°鈍角条件において過大視が生じたことは仮説に反した結果である．しかし，概ね内向ML図形の挟角は過大視され，外向ML図形の挟角は過小視されると考えられる．そして，角度錯視量とML錯視量との間には高い負の相関係数が得られた（$r_{(15)}$ = −0.83 $p<.005$）．

考 察

❼ 設定されたほとんどの角度条件において，内向ML図形の挟角は過大視され，外向ML図形の挟角は過小視され，角度錯視とML錯視とは負の相関関係になるとの，仮説に従った結果が得られたので，仮説は支持され，角度錯視とML錯視とは相関関係にあることが初めて実証されたと結論できる．

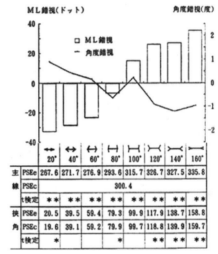

Figure 2． 横軸はML図形の挟角条件を示す．その下欄に主線（単位はドット（1ドット＝0.32 mm））のPSEe（s＝5.7から15.1）と対応するPSEc（s＝6.5）とそれらの差のt検定（*$p<.05$；**$p<.01$）を表した．さらにその下欄に挟角（単位は度）のPSEe（s＝0.6から1.3）とそれぞれ対応するPSEc（s＝0.5から1.4）とそれらの差のt検定を表した．左側の縦軸はML錯視量を示し，右側の縦軸は角度錯視量を示す．内向ML図形の場合，挟角が小さくなるほどML錯視はより過小視され，角度錯視はより過大視されている．外向ML図形の場合，挟角が大きくなるほどML錯視はより過大視され，角度錯視はより過小視されている．
　PSEeは実験条件の見掛けの長さあるいは角度
　PSEcは統制条件の見掛けの長さあるいは角度
　錯視量（PSEe−PSEc）は被験者15人の平均

❻結果は，まず従属変数（PSE）の比較を図表にまとめたことが述べられています。Figure 2 には，結果のグラフと併せて，数値が表にまとめられ，詳しい注が付けられています。

❻「Figure 2 のグラフから明らかなように～」結果の要点が統計的な検定とともに述べられています。

❼考察の最初で、結果の要約と仮説についての判断が簡潔にまとめられています。その後、結果の説明が考察されています。

❽結果の説明と先行研究との比較が行われています。

❽ しかし，ML錯視に関する角度錯視説，すなわち，角度錯視がML錯視の原因であるという因果関係までも支持されたと考えるのは早計である．角度錯視は，角度を構成する二本の線分にそれぞれ応答する方向検出器間の側抑制により生起するというBlakemore et al. (1970) やCarpenter & Blakemore (1973) やOyama (1977) の考えに従うと，ML図形においては，主線と斜線のそれぞれに応答する方向検出器が相互に作用しあう．

------------------------ （中略） ------------------------

もし，本実験において角度錯視がML錯視を生起させたと仮定しても，挟角20°の内向ML図形におけるML錯視量は−32.8ドットであり，挟角錯視量は0.9°である．このように角度錯視量がBlakemore et al. (1970) と比較して少ないのは，ML図形の左下斜線に応答する方向検出器の脱抑制（Carpenter & Blakemore, 1973）によるものかも知れない．したがって，わずか0.9°の挟角の過大視量だけで大きなML錯視量を説明するのは難しく，単純な説では説明されないであろう．ML錯視は複数の原因によって生起すると考えられている（Oyama, 1960; Gregory, 1963; Festinger, White, & Allyn, 1968; Robinson, 1972; Coren & Girgus, 1978）．

❾考察の最後では、今回の実験の残された問題点が指摘されています。

❿引用文献の書き方は、一部現在の「心理研究」の規定とは異なります。

❾ 結果において指摘しておいたが，鋭角80°条件は，他の鋭角条件と異なり過小視の角度錯視を示した．そして，鈍角100°条件も，他の鈍角条件と異なり過大視の角度錯視を示した．一方，ML錯視は，80°条件は過小視され，100°条件は過大視されているから，挟角が80°から100°の間だけが，角度錯視とML錯視は部分的に正の相関関係に逆転している．仮定として，角度錯視とML錯視の間には因果関係があり，ML過小視は鋭角過大視により，ML過大視は鈍角過小視により生じるとすると，さらに検討を要するが，---------- （中略） ---------- 本論は，角度錯視とML錯視の相関関係の検討実験として計画されているだけで，角度錯視と

ML錯視の因果関係の検討実験としては計画されていないので，角度錯視とML錯視の因果関係に疑問を投げ掛けるに止め，これ以上の考察は別に研究の機会を設けたい．

❿
引用文献

Blakemore, C., Carpenter, R. H, S., & Georgeson, M. A. 1970 Lateral inhibition between orienta-tion detectors in the human visual system, *Nature*, **228**, 37–39.

Boring, E. G, 1942 *Sensation and perception in the history of experimental Psychology*. New York: Appleton-Century-Crofts.

-------------------- （以下，省略） --------------------

5.0　はじめに（本章のテーマについて）

　ミュラー・リヤー錯視は、幾何学的錯視と呼ばれる錯視現象の一つで、線分の長さが人間には物理的な長さとは異なって見えてしまう代表的な錯視です。心理学では、このような錯視研究が人間のものの見方の特徴を反映しているとして、心理学教育の教材としても取り上げられてきました。

　また、錯視は個人の主観的な現象で、第三者には直接観察することができません。このような主観的な現象を、客観的に測定する試みは、様々な心理学に共通する「こころを測定する」という問題に直接関わっています。

　本章のテーマである幾何学的錯視は、認知心理学の一分野である「知覚」についての代表的な研究です。また、しばしば知覚の研究で用いられてきた精神物理学的測定は、現代の心理学が 19 世紀後半に誕生する以前から考えられてきた方法で、現代の心理学の実験にも取り入れられています。したがって、本章では幾何学的錯視と並んで、精神物理学的測定法を理解することも目的になっています。

　幾何学的錯視には、長さの錯覚ばかりではなく、物の大きさや方向などの様々な錯覚が含まれます。さらに錯覚の実験的研究は、視覚だけではなく、聴覚や触覚など、様々な感覚で知られています。このような研究は、人間の情報処理の特性を明らかにしようする認知心理学の重要な一分野と言えるでしょう。

5.1　問題：ミュラー・リヤー錯視

　「問題」では、研究で取り上げる問題（テーマ）に関する説明や問題意識、先行研究、研究仮説、目的について記述します。

　今回は、以下の3点についてまとめましょう。以下、（1）〜（3）にしたがって、解説を進めていきます。

●問題部分
　（1）問題と先行研究
　（2）研究方法
　（3）目的と仮説

5.1.1 （1）問題と先行研究：幾何学的錯視とは

　最初に、今回の実験について何も知らない読者に向けて、幾何学的錯視がどのような現象かを説明しなければいけません。必要に応じて、テキストなどをあたって錯視についての説明を調べてみましょう。それらを適切に引用しながら、わかりやすく説明します。

Let's Try!

1. 幾何学的錯視とは何か、簡単に説明してみよう。

2. その説明は、何か文献（テキストなど）から引用しましたか。その場合には、引用した文献を書いておきましょう。

　ミュラー・リヤー錯視の実験を行い、レポートにまとめるために、まず、この錯視についての問題を整理して、実験で検証する仮説を立ててみましょう。

　はじめに、幾何学的錯視について概要を調べてみましょう。そして、ミュラー・リヤー錯視がどのような錯視なのかをまとめます。さらに、今までどのようなことがわかっているのか、またどのような方法で検討されてきたのかを簡潔にまとめます。そのうえで、今回、何を明らかにしようとするのかを仮説として提示します。

　これらを適切に段落分けしながら文章にしていきます。

Let's Try!

参考論文❶を参照し、錯視の一般的な説明や、ミュラー・リヤー錯視に関する説明を考慮してレポートの書き出しを考えてみよう。

次に、ミュラー・リヤー錯視の特徴を具体的にまとめましょう。これまでの研究（先行研究）があれば、その内容を簡潔に紹介します。そのためには、どのような研究があるか、調べてみましょう。

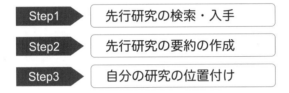

Step1) 先行研究の検索・入手

まず、研究目的に関連した文献を、図書館やインターネットで探します。日本語の論文であれば **J-stage** や **CiNii** を使って検索するとよいでしょう。

Step2) 先行研究の要約の作成

文献検索で調べた論文を読み、要約を作成します。まとめる内容は、基本的に①目的、②方法、③結果です。

Step3) 自分の研究の位置付け

引用する論文の要約が終わったら、最後に、要約した複数の文献をうまく総括して、自分の研究へとつなげていきます。

Let's Try!

1. ミュラー・リヤー錯視はどのような現象かまとめよう。

_____

_____

2. どのような研究がありますか。検討された要因、仮説を挙げてみよう。

_____

_____

3. 先行研究の名前（著者、年号、文献タイトルなど）リストを作ってみよう。

先行研究（1）_____

先行研究（2）_____

先行研究（3）_____

5.1.2 （2）錯視の測定と精神物理学的測定法

　幾何学的錯視の研究では、さまざまな測定方法が用いられてきました。特に、精神物理学的測定法はその代表的なもので、標準的な手続きが確立しています。心理学の実験では、標準的な手続きがある場合には、その手続きを採用することによって、第三者が実験を追試することが容易になります。

　また、このような手続きでは、独立変数以外の剰余変数が結果に与える影響を最小にするために、様々な工夫が積み重ねられてきました。そのため、独立変数の効果を検証することが高い信頼性で可能となります。

Let's Try!

1．精神物理学的測定法にはどのようなものがあるか、名称を挙げてみよう。

2．調整法とは、どのような方法か、簡単に述べてみよう。

3．主観的等価点とは何か、また、調整法では錯視量はどのように定義されるか、書いてみよう。

5.1.3　(3) 目的と仮説

今回の実験の方法にしたがって、目的や仮説を明示します。まず、今回の実験の目的について記述します。**どのような方法によって、何を検討するのか**、を簡潔に記述します。

> 例）本研究では……を検討することを目的とした。

Check it!　参考論文❷で、目的の書き方を確認しよう。

参考論文❷　本論において，ML 図形を用いて，その挟角の角度錯視と ML 錯視とを測定し，ML 図形における角度錯視の有無，及び角度錯視と ML 錯視との関係を研究するため，つぎの仮説を立て，Brentano の角度錯視説の実証的研究を行った．

この論文は、先行研究の説を実証することを目的としている。

注）「Check it!」では、参考論文の記述を説明のため現在の「心理学研究」の規定に合わせて変更しています。章の初めの引用部分は、当時の執筆規定のまま掲載しています。

Let's Try!

参考論文❷と上記の記述形式を参考に、今回の実験目的をまとめてみよう。

_____

_____

_____

　目的から、具体的に検証される仮説が導かれることがあります。仮説は、先行研究やこれまでの実験結果をふまえて、論理的に導き出すものです。単なる個人の憶測や仮説ではなく、仮説の根拠を示す必要があります。参考論文では、先行研究の説を根拠として仮説を導いています。その経緯の説明は、目的に示されていました。
　仮説は、実験によって具体的に検証できなければなりません。したがって、具体的な方法にしたがって、仮説が立てられます。

仮説の基本形

> 「条件が○○のように変化すれば、結果は××となるだろう」
> 　　　　If　　a,　　then　　b　　　　＊aは実験条件、bは結果についての記述

仮説の基本形は、実験計画に応じて、適宜アレンジすること。

　仮説を立てるためには、実験条件と結果、つまり独立変数と従属変数を明らかにする必要があります。
　もし、主線と斜線の角度に注目して、角度が錯視量（5.1.2参照）に与える影響を調べようとするならば、角度を実験的に操作して、それぞれの角度の条件で錯視量を測定することになります。この場合、角度が独立変数、錯視量が従属変数となります。角度という要因が三つの水準（30°、45°、60°）に分かれている場合、その実験計画は、1要因3水準の実験計画といわれます。この場合、角度が小さい（0°に近い）ときと大きい（90°に近い）ときで、錯視量は異なるかどうかを検討します。錯視量が角度によって異なるならば、角度が原因で、結果として錯視量が影響を受けて変化したことになります。ただし、この考えを仮説とするためには、角度以外の要因の影響が統制されて、結果に影響を与えていないことが前提となります。

実験計画☞ 5.2.4 項

次に、ミュラー・リヤー錯視の図形を構成する斜めの線分鋏辺の角度（挟角）と長さの影響を検討する場合を考えてみましょう。辺の長さが長いと錯視量はどのように変化するでしょうか。さらに辺の長さと角度の二つの要因の効果は別々に、つまり独立に現れるのでしょうか。それとも、二つの要因は相互に影響しあうのでしょうか。

Let's Try!
あなたの実験の独立変数と従属変数を挙げよう。

Check it! 参考論文❷で、仮説の書き方を確認しよう。

参考論文❷ 仮説 内向 ML 図形の挟角は過大視され，外向 ML 図形の挟角は過小視され，角度錯視と ML 錯視とは負の相関関係になる．

この論文は、角度錯視とミュラー・リヤー錯視の関係について仮説を立てている。

Let's Try!
参考論文❷と上の記述形式を参考に、今回の実験の仮説を文章にまとめてみよう。

128　第5章　ミュラー・リヤー錯視と分散分析

5.1.4　まとめ（「問題」部分の構成）

Let's Try!

これまでまとめた（1）〜（3）の内容を、論文形式で整理して、問題部分を完成させよう。

小見出しは使う事もありますが、使わない場合もあります。自分で決めてかまいません。

------------------------------- 1行あける -------------------------------
問題
------------------------------- 1行あける -------------------------------

問題と先行研究

精神物理学的測定法

目的と仮説

5.2 方法

「方法」は、レポートや論文を読んだ人が実験を再現して検証できるように、具体的にわかりやすく書く必要があります。何名の人がその研究に参加して、何を使って、どのような方法・手続きで行われたのかについて、過去形の文章で記述します。

今回は、以下の5点についてまとめましょう。以下、(1)～(5)にしたがって、解説を進めていきます。

●方法部分
  (1) 実験参加者
  (2) 装置
  (3) 材料
  (4) 実験計画
  (5) 手続き

5.2.1 (1) 実験参加者

参考論文は視覚についての実験ですから、視覚的な課題に影響を与えると考えられる事柄について触れておく必要があります。そのほかに、一般に心理学の実験で記述されることが多い性別や必要なら年齢なども書くことになります。

Let's Try!

参考論文❸も参考にして、今回の実験参加者について文章で書いてみよう。

5.2.2 （2）装置

　実験に装置・機材を用いた場合は、同様の装置を用いて第三者が追試できるように具体的に書いておく必要があります。参考論文❹では、5.2.3 項で説明する「刺激」と併せて書かれています。

> ☑ Checklist【装置の記述内容】
> □ 機材名
> □ 型式
> □ メーカー、そのほか

5.2.3 （3）材料（あるいは刺激）

　視覚の実験では、視覚刺激の物理的な特性が心理学的にどのような影響を与えるのかがしばしば検討されます。その場合には、まず文中で必要な物理的な特性（たとえば、刺激の大きさなど）を記述します。また、物理的な特性を具体的に示すために、図示すると役に立つことがあります。

> ☑ Checklist【刺激の記述内容】
> □ 大きさ、長さなどの実験に関係する情報
> □ 刺激の構成、種類など

Let's Try!

1. 参考論文❹を見ながら、今回の実験で必要な刺激の特性を書き出してみましょう。

　　1.1. 刺激の大きさ（単位）
　　1.2. 独立変数として操作された刺激の値（単位）

2．実験で使用した刺激図形を作図してみましょう。

3．図のタイトルを考えてみましょう。参考論文では、タイトルの代わりに詳しい説明が付けられています。内容がわかるタイトルを付けることが大切です。

5.2.4 （4）実験計画

　参考論文では、「刺激」の項で独立変数や従属変数、さらに独立変数の水準を記述し、「手続き」の項で実験全体の構成（実験計画）を述べています。これらの内容は、「実験計画」（あるいは単に「計画（Design）」）として項目を立てることもあります。実験計画としては、独立変数とその水準、従属変数の具体的な記述、さらに独立変数の各水準に実験参加者がどのように配置されたのかを記述します。

　ミューラー・リヤー錯視における斜線の角度のように、一つの要因だけを独立変数として操作する実験は、1要因実験と呼ばれます（5.1.3項）。要因はいくつかの水準（たとえば、30°、45°、60°の3水準）に分かれます。

　これに対して、二つの要因の効果を同時に検討する実験の計画は、**要因計画**と呼ばれます。たとえば斜め線分の角度と長さの2要因の実験計画では、角度（3水準の角度：30°、45°、60°）と、長さ（3水準の長さ：10mm、20mm、30mm）がすべて組み合わされて、3×3＝9条件が設定されます。

　さらに、要因と水準の間で異なる被験者を配置するのか、それとも同じ被験者が配置されるのかを区別する必要があります。前者は**被験者計画**と呼ばれ、後者は**被験者**

内計画と呼ばれます。ある要因が被験者間計画で検討され、その要因のすべての水準に異なる被験者が無作為に配分されるならば、その要因は被験者間要因と呼ばれます。一方、ある要因が被験者内計画で検討される場合は、その要因のすべての水準に対応する被験者（一般には、同一の被験者）が配置されます。

「方法」の中で「実験計画」について説明するときには、以下のように記述します。

【記述例】

実験は斜線の角度（30°、45°、60°）と長さ（10mm、20mm、30mm）の2要因被験者内計画で実施された。

Let's Try!

あなたの実験の「計画」を文章で書いてみよう。

5.2.5 （5）手続き

一人の実験参加者が行った調整法の手続きについて、具体的に記述します。上昇系列と下降系列がどのように設定されたのかも書いておきます。実験参加者への教示についても簡潔に要点を書きますが、一言一句そのまま書く必要はありません（参考論文❺参照）。

視覚の実験では、一般に観察距離などの観察条件も記述します。また、各実験参加者が全体でどのような条件を何回試行したのか、どの程度の時間がかかったのか、などを記述します。

2要因の被験者内計画の場合、一人の実験参加者の試行数は、次のように記述されるでしょう。

【記述例】

一人の実験参加者は、36試行（角度（3水準）×長さ（3水準）×系列（上昇、下降）×空間配置（右、左））ランダム順に実施した。さらに、これを1ブロックとして4ブロックの測定が実施された。

> **Let's Try!**
>
> 一人の実験参加者が行った実験条件の組み合わせと全試行数を挙げてください。

5.2.6 まとめ（「方法」部分の構成）

> **Let's Try!**
>
> 5.2.1 項から 5.2.5 項までを組み込んで、「方法」を完成させよう。

```
-------------------------- 1行あける --------------------------
                          方  法
-------------------------- 1行あける --------------------------

実験参加者


装置


刺激


実験計画



手続き


```

5.3 結果

　結果の部分では実験の結果、得られた事実を簡潔に、重要なことから文章で記述します。表や図は、あくまでも読み手の理解を助けるために必要最小限だけ作ります。
　今回は、まずローデータをどのように整理するかについて触れ、その後で以下の6点についてまとめます。

●結果部分
　（1）記述統計
　（2）図の作成
　（3）統計的検定：分散分析
　（4）分散分析の後で
　（5）多重比較
　（6）検定結果のまとめ

5.3.1 （0）ローデータの整理

　まず、ローデータを整理して、結果の概要を把握します。ローデータをそのままレポートや論文に掲載することはありません。目的・仮説を念頭に、データの整理と分析の方針を立てます。そのために、今回の実験の目的と仮説を確認しましょう。

Let's Try!

1．今回の実験で知りたいことは何か、箇条書きで挙げてみよう。

2．挟角が錯視量に与える影響を明らかにしようとする場合、角度の条件（水準）別の錯視量を求め、角度条件の間で比較することになります。その場合、ローデータをどのように整理しますか。参考論文の結果の表を参考にして、簡単な表のイメージをフリーハンドで作ってください。Table 5-1 は角度が3水準

で操作された場合の例です。

Table 5-1
結果の整理のための集計表

実験参加者	角度条件	上昇A／下降D系列	空間配置(右R／左L)	錯視量
		A	R	
		A	L	
		D	R	平均値
		D	L	
		A	R	
		A	L	
		D	R	平均値
		D	L	
		A	R	
		A	L	
		D	R	平均値
		D	L	

注) A：上昇系列, D：下降系列, R：空間配置(右), L：空間配置(左)。

5.3.2 （1）記述統計

　ローデータから結果の様子を確かめるために、ここではまずもっとも知りたいこと、つまり実験の目的にしたがって、仮説が支持されるかどうかを大まかにつかむ集計法や、分析法を考えてみます。

　まず、斜線の角度を独立変数とした1要因実験で、角度条件別に錯視量を比較するために、どのようなデータ処理が必要か、を例に順に考えていきましょう。

　そもそも、ローデータとはどのような数値のことをいうのでしょうか。調整法で主観的等価点（PSE）の値が測定された場合、一人の実験参加者について、PSE が角度条件別に、さらに上昇系列と下降系列、標準刺激の空間配置が右と左の条件で測定されたはずです。そこでまず、実験の目的が角度条件別に錯視量を比較することならば、最初に PSE の値を錯視量に計算し直しておくのも一つの方法です（参考論文では、PSE のまま結果をまとめています）。

　PSE を錯視量に直すためには、PSE の定義を思い出してください（5.1.2 項参照）。錯視量は、標準刺激の長さから PSE の長さを引いたものとしていました。単位については、参考論文のように、測定値をコンピュータ画面のドットで表すこともありますが、ミリ単位に換算してもよいでしょう（その場合は、1ドットが何ミリか

を調べておきます)。

　以上の処理の後で、まず被験者別に角度条件ごとの錯視量を求めてみましょう (Table 5-1)。一つの角度条件に上昇系列と下降系列、標準刺激の空間配置が右と左の四つのデータがありますから、それらを一つの値 (代表値) にまとめます。Table 5-1 では、代表値として三つの条件の平均値を求めています。次に、全被験者のデータを角度条件別にまとめます (Table 5-2)。条件別の平均値を算出するときは、同時に標準偏差も求めます。

　こうして作成した表のうち、レポートに掲載するのは必要な部分だけです。ローデータ (Table 5-1) や集計の途中の表 (Table 5-2 の各実験参加者のデータ) は必要ありません。もちろん、Table 5-2 の中から、最上段の角度条件と下部の平均値、標準偏差を取り出して、タイトルや錯視量の単位を加えてまとめることはできます。ただし、表は必ずしも必要なものではありません。結果の部分では、自分がまとめた表など (Table 5-2) を見ながら、結果の要点を文章にします。そのうえで、読み手の理解を助けるために役に立つと思えば、表や図を加えます。

Let's Try!

1. 自分の手元のデータで、Table 5-1 と Table 5-2 を作ってみましょう。

2. Table 5-2 を見て、結果から読み取れる傾向を文章にしてみよう。

Table 5-2
全被験者の条件別の錯視量 (mm)

実験参加者	角度条件		
平均値			
標準偏差			

5.3.3 （2）図の作成

　場合によっては、結果を図に表現することもあります。今回の実験では、表の代わりに図を作成してもよいでしょう。同じ内容を図と表の両方で表現することはありません。

　図は、実験結果を一目で理解する助けになります。図を作るには、まず何を表現するか、次にどのような図にするか、そしてどのような手続きで作るのか、を考えます。

　結果の図は、得られたデータの特徴を伝えるものですから、データの性質によって作り方を考える必要があります。独立変数は質的な変数ですか？　それとも量的な変数ですか？　また従属変数は何ですか？　これらを意識して作図しましょう。

Let's Try!

今回の実験のもっとも関心のある独立変数は鋏辺の角度（30°、45°、60°）であると仮定してみましょう。また、従属変数は錯視量（mm）です。これらを図にしてください。

1．横軸と縦軸を持った図に表現する場合、一般に独立変数は横軸、従属変数は縦軸にとります。
2．縦軸と横軸に目盛りと単位を付けてみましょう。
3．図のタイトルを考えます。考えたタイトルを図の下の配置してください。
4．レポート全体で図に通し番号を付けます。「方法」などですでに図を一つ作っていれば、今回の図は Figure 2 となります。

Figure

5.3.4 （3）統計的検定：分散分析

　表や図で結果の大まかな傾向は示されています。しかし、結果の傾向が、実験のデータに含まれる誤差を考慮しても言えることなのかは、まだ明らかではありません。そこで統計的な検定を行うことになります。

　まず先に挙げたように、独立変数が一つ、つまり1要因を操作した実験を考えてみます。その要因は三つの水準に分かれ、しかもすべての実験参加者が三つの水準を経験している被験者内要因とします（1要因3水準の被験者内計画、「方法」の「実験計画」参照）。一方、従属変数は錯視量という量的な変数で、三つの水準における各平均値が算出されています（Table 5-2）。そこで、このデータの性質に適した検定方法として、1要因被験者内計画の分散分析を行います。

☑ **Checklist【1要因分散分析の事前確認】**
□ 要因　（　　　　　　　　　）
□ 水準　（　　　　　　　　　）
□ 被験者内　　　被験者間

分散分析☞鵜沼秀行・長谷川桐著（2016）.改訂版　はじめての心理統計法（pp.250-254）東京図書

　分散分析の計算は他の統計の本を参照していただくとして、ここでは、実際に計算する際に注意することのみを挙げておきます。

　分散分析の計算自体は関数電卓や統計ソフト（エクセルや、SPSS、Rなど）でも可能です。処理するデータは Table 5-2 のような全被験者のデータです。たとえばエクセルでは Table 5-2 のような形式でそのまま計算させることも可能です。SPSSやRなどでは水準（角度条件）を縦に一列に並べて、その横の列に被験者の区別（番号など）を並べ、さらにその横に縦一列に各被験者の各水準の錯視量を記入する形式が一般的です。

> **Let's Try!**

分散分析の結果を表にまとめてみよう。エクセルやSPSSなどの結果は、そのままでは読みづらいので、次のような表に整理してみよう。

Table 5-3
1要因被験者内計画の結果の分散分析表

要因	平方和（SS）	自由度（df）	平均平方（MS）	F
角度				
被験者				
誤差				
全体				

分散分析の結果は、自由度、F値、p値、効果量を明らかにして記述することになります。これらについては、統計の本で十分に確認してください。

> 分散分析の結果☞鵜沼秀行・長谷川桐著（2016）．改訂版　はじめての心理統計法（pp.234-235）東京図書

> **Let's Try!**

分散分析の結果を、文章で表現してみよう。

_____
_____
_____

【まとめ方の例】

　分散分析の結果、角度の要因の効果は有意であった（$F(\ ,\ ) = \ \ \ \ $, $p < .05$, $\eta_p^2 = \ \ \ \ $）。

140　第5章　ミュラー・リヤー錯視と分散分析

　次に、2要因の場合を考えてみましょう。2要因の場合も、1要因のときと同じように各要因とその水準を整理し、さらに各要因が被験者間要因か、被験者内要因かに注意します。

☑ Checklist【2要因分散分析の事前確認】

□要因　（　　　　　　　　　　）
□水準　（　　　　　　　　　　）
□被験者内　　　被験者間

□要因　（　　　　　　　　　　）
□水準　（　　　　　　　　　　）
□被験者内　　　被験者間

　2要因の被験者内計画（角度、長さ）の場合で、分散分析を行った結果の例を下に示します。なお、各要因（A、B、A×B）の効果は、各要因の平均平方（MS）を、各要因と被験者要因（S）の交互作用の MS で割った F 値で評価します。2要因の場合には、特に交互作用（A×B）についての検定が新たに加わるため、注意が必要です。

Table 5-4
2要因被験者内計画の結果の分散分析表

要因	平方和（SS）	自由度（df）	平均平方（MS）	F
被験者 S				
角度 A				
A×S				
長さ B				
B×S				
A×B				
B×S				
全体				

5.3.5　（4）分散分析の後で

　１要因の分散分析の結果は、すべて水準の平均値が（母集団で）等しいという帰無仮説が棄却されるかどうかです。したがって、分散分析の結果、角度の要因の効果が有意であったとしても、そのことからすぐに特定の角度の水準の間に有意な差があるかどうかは、判断できません。もし個々の角度水準の錯視量の間の違いにあるかどうかが知りたければ、多重比較を行うことになります。

　また、２要因の分散分析の結果、交互作用有意であった場合には、さらに要因別に分析が必要です。

　角度３水準、長さ３水準の実験で交互作用が有意であった場合、まず角度の３水準別に長さの効果（これを、単純効果あるいは単純主効果といいます）を分散分析で検定します。さらに、長さの３水準別に、同様に角度の単純効果を検定します。各単純主効果の検定の後で、１要因のときと同じように、必要ならば多重比較を行うことになります。

鵜沼秀行・長谷川桐著（2016）．改訂版 はじめての心理統計法（pp.236-240）東京図書

5.3.6　（5）多重比較

　三つ以上の水準がある場合、分散分析の後で、さらに各水準の違いを検討することがあります。個々の水準の違いに関心がある場合には、多重比較が行われます。なお、すべての水準を通じた傾向（たとえば、線型に増加あるいは減少する）が仮定されている場合には、回帰分析などによって傾向を分析することもあります。

　多重比較にはさまざまな手法が提案されています。ここでは角度の３水準をボンフェローニ（Bonferroni）の方法でまとめた例を示しておきます。

鵜沼秀行・長谷川桐著（2016）．改訂版 はじめての心理統計法（pp.236-240）東京図書

【まとめ方の例】

　多重比較（Bonferroni 法）結果、$30°$ と $60°$ の間に有意な差が認められた（$p <$ .05）。それ以外の水準の組み合わせには有意な差は認められなかった（$p >$ .05）。

142　第5章　ミュラー・リヤー錯視と分散分析

5.3.7 （6）検定結果のまとめ

> ☑ Checklist【分散分析＆多重比較のまとめ方】
> □はじめの部分で、行った分散分析の概要
> 　（検定の目的、検定の種類：分散分析、要因、実験計画など）が書かれているか
> □「要因の効果が有意だったか否か」が明示されているか
> □統計的結論が記載されているか　→ $F($ 　, 　 $) =$ 　, p 　, $\eta_p^2 =$
> □効果量が、統計的結論に併記されているか
> 　（要因の効果が有意だったか否かに関わらず、記載すること）
> □多重比較の方法が書いてあるか　→　多重比較（Bonferroni）
> □多重比較の結果が、有意水準を含め、簡潔に記されているか
> 　（仮説を検討するうえで、意味のあるものだけを記述すればよい）

処理の流れを以下にまとめます。

〈要因と水準の確認〉

> 要因の数と各要因の水準数、さらに水準間の対応の有無を整理する

〈平均値などの計算と整理〉

図表の作り方☞1章
1.5節

> 1．要因別、水準（条件）別に平均値、標準偏差を求める
> 2．その結果を、表か図（名義・順序尺度ならば棒グラフ、間隔・比率尺度ならば棒グラフか折れ線グラフ）にまとめる
> 　図表を作成する際の注意点 ➡ 第1章を参照
> 3．条件の間で平均値を比較し、何か傾向が見られるかを考える

〈分散分析による検定を行う〉

> ●1要因（一元配置）の場合
> 1．条件（平均値）の数が二つならば、t 検定を行うことが一般的
> 　（ただし、分散分析でも検定はできる）
> 2．条件（平均値）の数が三つ以上ならば、分散分析を行う

3．検定、分散分析のいずれの場合も、条件の間で被験者が無作為に配分されたのか（被験者間計画）、それとも対応する被験者（同じ被験者の場合を含む）が配置されたのか（被験者内計画）、を確認する

4．被験者内計画、被験者間計画の区別にしたがって分散分析を行う

5．分析の結果を分散分析表にまとめ、さらに文章にまとめる

　　　　➡ 5.3.4 項の「Let's Try !」を参照　　　　　　　　　　　　　分散分析表☞5.3.4 項

●2要因以上（要因計画）の場合（以下は、2要因を想定）

1．各要因の水準間の「対応の有無」に注意して、適切な要因計画の分散分析を選択する

　　　　➡ 5.3.4 項を参照　　　　　　　　　　　　　　　　　　　　　分散分析表☞5.3.4 項

2．交互作用が有意ではない場合
　各要因の主効果の結果を文章化する

3．交互作用が有意な場合
　各要因の主効果が有意であっても、一つの要因の水準別に、もう一方の要因の効果（単純効果）を検定する

　　　　➡ 5.3.5 項を参照　　　　　　　　　　　　　　　　　　　　　分散分析表☞5.3.4 項

〈分散分析の後で〉

　分散分析は要因の効果を検定するものなので、水準間の比較には多重比較、水準を通じた傾向を検討するには回帰分析などを行う

　　　　➡ 5.3.5 項を参照　　　　　　　　　　　　　　　　　　　　　分散分析表☞5.3.4 項

〈結果のまとめ〉

　全体をまとめて文章にする。この場合、全体の傾向などをあらかじめ要約し、その後で検定の結果を詳しく書くほうが読みやすい。図表から平均値などがわかる場合は、文章ですべての平均値に触れる必要はない。

144　第5章　ミュラー・リヤー錯視と分散分析

5.3.8　まとめ（「結果」部分の構成）

Let's Try!

5.3.1 項から 5.3.7 項までを組み込んで、「結果」を完成させよう。

```
---------------------------- 1行あける ----------------------------
                              結果
---------------------------- 1行あける ----------------------------
```

5.4　考察

　考察では、結果を解釈し説明します。ここでは以下の5点についてまとめます。以下、（1）～（5）にしたがって解説を進めていきます。

●考察部分
　（1）目的と結果の要約
　（2）仮説について
　（3）理論からの説明と先行研究との比較
　（4）一般化の可能性　今後の課題
　（5）結論

5.4.1 （1）目的と結果の要約

考察を具体的に展開する前に、実験の目的や結果の要点を簡潔に示します。

> **Check it!** 参考論文❼で、考察の書き出しを確認しよう。
>
> **参考論文❼** 設定されたほとんどの角度条件において，内向 ML 図形の挟角は過大視され，外向 ML 図形の挟角は過小視され錯視と ML 錯視とは負の相関関係になるとの，仮説に従った結果が得られたので，……（中略）…….
>
>
>
> この論文では、結果の要約が述べられ、続けて仮説に言及されている。

5.4.2 （2）仮説について

実験の結果から、仮説が支持されたのかどうかを述べます。

> **Check it!** 参考論文❼で、仮説についての記述を確認しよう。
>
> **参考論文❼** 仮説は支持され、角度錯視と ML 錯視とは相関関係にあることが初めて実証されたと結論できる．
>
>
>
> この論文では、結果の要約と仮説についての判断が一文で述べられている。

> **Let's Try!**
>
> 参考論文❼を参照して、考察の書き出しを考えてみよう。

5.4.3 （3）理論からの説明と先行研究との比較

これまでの理論からの説明と、先行研究との比較を行い、結果の原因についての説明をします。必要に応じて、先行研究の説を引用したり、その立場からの説明や、新たな説明などが提示されたりします。

> **Check it!** 参考論文❽で、説明の記述を確認しよう。
>
> **参考論文❽** しかし，ML 錯視に関する角度錯視説，すなわち，角度錯視が ML 錯視の原因であるという因果関係までも支持されたと考えるのは早計である．

説明のために、この後、先行研究の説が引用される。

> **Check it!** 参考論文❽で、先行研究の記述を確認しよう。
>
> **参考論文❽** 角度錯視は，角度を構成する二本の線分にそれぞれ応答する方向検出器間の側抑制により生起するという Blakemore et al. (1970) や Carpenter & Blakemore (1973) や Oyama (1977) の考えに従うと，ML 図形においては，主線と斜線のそれぞれに応答する方向検出器が相互に作用しあう．

注）「Check it!」では、参考論文の記述を説明のため現在の「心理学研究」の規定に合わせて変更しています。章の初めの引用部分は、当時の執筆規定のまま掲載しています。

Let's Try!

参考論文❽を参照し、今回の結果の説明を考えてみよう。必要ならば、先行研究を引用しよう。

5.4.4 （4）一般化の可能性　今後の課題

今回の実験で残された問題や、今後の課題について記述します。ここでは、方法からの限界や一般化の範囲についても考察されます。

> **Let's Try!**
>
> 参考論文❾を参照しながら、今回の実験で残された課題や、一般化がどの程度の範囲で可能かを考察してみよう。

5.4.5 （5）結論

最後に、研究で明らかになったことを、簡潔にまとめます。

> **Let's Try!**
>
> 参考論文❾を参照しながら、結論を書いてみよう。

5.4.6 まとめ（「考察」部分の構成）

Let's Try!

5.4.1 項から5.4.4 項までを組み込んで、「考察」を完成させよう。

---------------------------------- 1 行あける ----------------------------------
考察
---------------------------------- 1 行あける ----------------------------------

5.5　引用文献

Let's Try!

日本心理学会「執筆・投稿の手びき」や本書1章を参照して、論文中で引用した文献のリストを作成しよう。

引用文献は、日本人も外国人も著者姓でアルファベット（ABC）順に並べます。以下のリストには、日本語書籍の例が記載されています。著者名が、人名ではなく「研究会」である点がこの本の特徴です。記述形式を確認してください。

日本心理学会「心理学研究」執筆・投稿の手びき
http://www.psych.or.jp/public ation/inst.html

------------------------------ 1行あける ------------------------------
引用文献
------------------------------ 1行あける ------------------------------

心理学実験指導研究会（編）(1985)．実験とテスト＝心理学の基礎　実習編
　　培風館

〈基本的な記述形式〉
論文
著者名、出版年、タイトル、雑誌名、巻数、ページ番号
＊日本語論文では、巻数をイタリック体に、外国語論文では、雑誌名と巻数をイタリック体にします。ページ番号は、最初と最後のページを記載します。

書籍
著者名、出版年、タイトル、出版社名
＊外国語書籍の場合、出版社名の前に、出版地も記載します。また、タイトル（書名）はイタリック体にします。

Memo

第6章

SD 法を用いた国の イメージの測定＆因子分析

学ぶこと

- イメージの測定法
- プロフィール図、因子分析表の作成
- 因子分析結果の文章表現

キーワード

SD 法

観光心理学

平均値

ピアソンの積率相関係数

探索的因子分析

本章では、以下の研究計画に基づき、論文・レポートの作成過程を解説します。

【概要】

研究の目的は、SD 法によって国のイメージを測定し、イメージの規定要因について検討することです。世界観光客数トップ 10 の国を刺激（評定対象）として、12 形容詞対を用いて、7 段階でイメージを測定します。結果の分析では、国ごと、形容詞対ごとの平均評定値の算出と、それに基づいたプロフィール図の作成、尺度間の相関係数の算出を行います。さらに、発展的な分析として、探索的因子分析による上位国イメージの構成要因の検討を実施します。

152 第6章 SD法を用いた国のイメージの測定&因子分析

■参考論文

SD法による観光客数上位10カ国のイメージとその規定因

●論文全体に対する注意点
注1）Figure 1、Figure 2、Table 1（因子分析表）は省略しました。
注2）慣例にしたがい、「問題」の見出しは記載されていません。

❶論文の冒頭で、今回扱うテーマに関して、一般的な表現で述べられています。☞本文6.1.1項

❶ 国のイメージは，観光行動において，重要な役割を果たしている。観光客が旅行先を決定する際，本やテレビ，人の伝聞から形成したその国のイメージが，少なからず影響を与えているからである。

❷国のイメージに関する説明が、先行研究をあげて記述されています。☞本文6.1.1項

❷ 多くの観光客がその国を訪れたいと思う理由は，魅力を感じているからである。そして，目的地の魅力は，種々の情報にもとづいてイメージ化されていることが多いという（佐々木，2007）。イメージの内容は，Echtner & Ritchie (1991) の研究が参考になる。彼らは，14の先行研究から，旅行目的地のイメージを測定するために使われた34の属性を，機能的—心理的という次元上に並べリスト化している。機能的属性は，物理的で測定可能であり，例えば，風景／自然の魅力，コスト／価格レベル，気候などである。一方，心理的属性は抽象的であり，ホスピタリティ／親しみやすさ／受容性，雰囲気（親近感VSエキゾチック）などである。今回のイメージ測定では，この34属性が参考にされた。

❸SD法の説明
☞本文6.1.1項

------------------------ （中略） ------------------------

❸ イメージの測定には，Osgood (1957) が提案したSD (Semantic Differential) 法を用いた。

❹先行研究の紹介☞本文6.1.2項Step2

------------------------ （中略） ------------------------

❺前半では、自身の研究の位置付け（先行研究との差異）を示しています。☞本文6.1.2項Step3
後半では、研究の目的や意義が述べられています。☞本文6.1.3項

❹ 国のイメージを測定した研究には，次のようなものが挙げられる。

------------------------ （中略） ------------------------

❻予備調査
☞本文6.2.1項

❺ これまで，国のイメージについて検討した研究はいくつもあるが，観光客数上位の国に限定して，イメージの構成要因を検討した研究は見当たらない。

❼形容詞対の選定
☞本文6.2.2項

そこで，本研究では，国際観光客到着数上位10カ国のイメージをSD法によって測定し，国のイメージを規定する要因について明らかにすることを目的とした。観光客数上位国におけるイメージの規定因が明らかになれば，それに基づいたイメージ戦略を立てることも可能であり，有意義な広報活動や観光行動の促進（訪日外国人の増加）につながることが期待される。

方　　法

❻ 予備調査　国のイメージを測定する形容詞対について検討するために，予備調査を行った。参加者は，30〜50歳までの女子大学院生5名であった。参加者は，評定対象の10カ国について，自由に形容詞を連想し記述した。記述された形容詞は，内容により分類され，度数が集計された。さらに，各形容詞の内容から，「気候関連」といった大まかなカテゴリーへの分類も行った。

❼ 形容詞対の選定　予備調査の結果から，度数の多かった形容詞で，かつ，国のイメージを表現する言葉として適切なものを選定した。また，一部の形容詞については，適切な表現に修正した。なお，反対語については，単純に否定形や対義語にするのではなく，旅行時の現実的な印象も考慮した。この過程では，筆者の他，専門家1名の意見とEchtner & Ritchie(1991)の研究が参考にされた。最終的に6回の議論・修正を経て，きれいな—きたない，安全な—危険な，---（中略）--- の27尺度を選択した。

評定者 ----------------- （中略） -----------------

❽ 評定対象（刺激）　イメージを測定する対象は，国連世界観光機関（UNWTO）発表の2015年国際観光客到着数に基づき，上位10カ国（1位から順に，フランス，米国，スペイン，中国，イタリア，トルコ，ドイツ，英国，メキシコ，ロシア）とした。

❾ 手続き　イメージ測定にはSD法を用いた。初めに評定者は評定用紙（冊子）の1枚目に書かれた【評定の方法】を読み，回答例を参照しながら練習を行った。その後，本調査を実施した。評定者は，各評定用紙に印刷された国のイメージを，27形容詞対について，7段階（非常にそう思う―かなり―やや―どちらでもない―やや―かなり―非常にそう思う）で評定した。評定は参加者個々のペースで行われ，所要時間は30分程であった。

結　　果

❿ 回答もれのあった1名分のデータと外国人学生3名のデータを除き，合計79名分のデータ（男性28，女性51）を処理した。外国人学生については，評定対象の中に，彼らがアイデンティティを有する国が含まれていたため，除外した。

⓫ 初めに，各被験者の評定結果を，国ごと，形容詞対ごとに1～7で点数化した。点数化は，肯定的な形容詞の点数が高くなるようおこなった。その結果をもとにして，国ごと形容詞対別の平均値を算出した。Figure 1には観光客数1～5位まで，Figure 2には6～10位までの5カ国を示した。全体的な傾向として，基本的に，肯定的なイメージが強いという共通点がみられた。それぞれの国をみると，フランスでは，「おいしい―まずい」，「格好よい―格好わるい」といった尺度の値が高く，「物価の高い―物価の安い」，「危険な―安全な」といった形

容詞対で低い値がみられた。それに対し，中国では，--------------------- （中略） ---------------------

⓬ 次に，上位国のイメージの潜在構造を探るために，SD法評定値に対する因子分析（最尤法，プロマックス回転，固有値1以上）をおこない，3因子を得た（Table 1）。
------------------------ （中略） ------------------------

考　　察

⓭ 本研究の目的は，観光客数トップ10の国のイメージを測定し，イメージを規定する要因を明らかにすることであった。因子分析の結果，国のイメージは，以下の3因子によって規定されていることがわかった。
------------------------ （中略） ------------------------

⓮ 初めに，各国のイメージについて考察をおこなう。
------------------------ （中略） ------------------------

次に，上位国のイメージを規定する要因について議論する。
------------------------ （中略） ------------------------

⓯ 最後に，先行研究との比較をおこなう。
------------------------ （中略） ------------------------

引用文献

⓰

Echtner, C.M., & Ritchie, J.R.B. (1991). The Meaning and Measurement of Destination Image. *The Journal of Tourism Studies*, *2*, 2–12.

佐々木 土師二 (2007).　観光旅行の心理学　北大路書房

---

❽評定対象（刺激）
☞本文6.2.3項

❾手続き☞本文6.2.5項

❿最終的に処理したデータの内訳が書かれています。データ処理の過程で，データ数に変更が生じた場合，その理由とともに最終的な内訳を明示します。

⓫平均評定の結果が記述されています。初めに全体的な傾向が述べられ，続いて各評定対象の特徴的な結果が記述されています。☞本文6.3.2項

⓫プロフィール図は，まとめて示すことで，スペースを削減できます。☞本文6.3.3項

⓬因子分析結果のまとめ☞本文6.3.5項

⓭要約として、目的と結果が簡潔に述べられています。☞本文6.4.1項

⓰日本心理学会の執筆規定にしたがって，記述されています。☞本文6.5節
引用された2つの文献がアルファベット順に並べられています。一つ目は外国語雑誌の論文，二つ目は日本語書籍の記述形式です。

6.0 はじめに（本章のテーマについて）

本章では、国連の世界観光機関（UNWTO）が発表した 2015 年「国際観光客到着数」トップ 10 の国々（Table 6-1）に対するイメージを、SD 法によって調べる研究を取り上げます。

6.0.1 SD法について

SD 法は、Osgood によって開発された方法で、人が様々な対象（形や音、国、香り、色、商品など）に対して抱くイメージを数量的に測定するための手法として使われています。そもそもイメージとは、人の心に浮かぶ心象のことです。

SD 法では、測定対象とイメージ測定に使う形容詞対を 1 枚の用紙に並べ、形容詞対のおのおのに対して、どの程度その内容を感じるかを評定します（Figure 6-1）。評定段階としては、5 段階や 7 段階（非常にそう思う〜どちらでもない）がよく使われています。

Figure 6-1. SD 評定用紙の例。

SD 法を実施する際に大切なことは、対象のイメージを測定するための形容詞対を何にするかということです。評定対象によって、適切な形容詞対が異なるからです。例えば、ケーキのイメージを評価するのに、「礼儀正しい」という形容詞は適しません。具体的な形容詞対の選定方法は次の通りです（詳細は、井上・小林（1985）を参照）。

井上・小林（1985）論文の入手先
http://doi.org/10.5926/jjep1953.33.3_253

---

1) 既存の形容詞対（先行研究で使われたもの）をそのまま使用する。
2) 既存の形容詞対に、新たにいくつか追加して、使用する。
3) 全て自分で考える。

1）の場合、先行研究の形容詞対をそのままいただくので簡単です。一方、2）や
3）では、どのような形容詞対を入れたらよいか、**予備調査**を行って検討します（予
備調査の内容・方法については、参考論文**❻❼**を参照）。

なお、予備調査〜形容詞対決定に至る過程は、大変時間を要します。心理学実験の
授業内など時間が限られている場合は、実験手引書に掲載された代表的な形容詞対を
利用するのも、一つの方法です。

本章では、多すぎず少なすぎない12形容詞対を使用する想定で、結果のまとめ方
等を示していきます。

6.0.2　評定対象について

世界中から多くの旅行者を惹きつけている国は、どのようなイメージをもたれてい
るのでしょうか。もちろん国によってさまざまなイメージがあるでしょう。例えばフ
ランスなら「美食の国」とか、メキシコなら「とにかく明るい」など、人によっても
想起する内容は異なるはずです。

一見、国によってまちまちと思われるイメージの中にも、何か同一の言葉で表現で
きるような**共通性**はあるのでしょうか。

今回は、測定結果の因子分析を通して、国のイメージを規定する要因を調べる研究
を例に、まとめ方を解説していきます。

Table 6-1

2015年国際観光客到着数のランキング

順位	国名	人数
1	フランス	84.5
2	米国	77.5
3	スペイン	68.2
4	中国	56.9
5	イタリア	50.7
6	トルコ	39.5
7	ドイツ	35.0
8	英国	34.4
9	メキシコ	32.1
10	ロシア連邦	31.3

注）人数の単位は100万人。

6.1 問題

「問題」では、研究で取り上げる問題（テーマ）に関する説明や問題意識、先行研究、目的等について記述します。

今回は、以下の3点について、見出しを付けてまとめましょう。それでは、（1）から順番に解説を進めます。

●問題部分
　（1）問題
　（2）先行研究
　（3）目的

6.1.1 （1）問題

ここでは、**問題（研究において議論するテーマ）に関する説明**や**問題意識**（研究者がその問題を重要なことと捉え、扱おうとする意識）についてまとめます。さらに、今回は、イメージ測定のために用いた **SD法** についても記述してください。

なお、問題の書き出しは論文の導入部分になるので、難しい専門用語から始めるようなことは避け、一般的な表現を用いてください。

問題部分のまとめ方としては、一般的な表現から始めて、徐々に専門的かつ具体的な内容へと移行していきます。

> **Check it!**　参考論文❶で、問題の書き出しを確認してみよう。
>
> **参考論文❶**　国のイメージは，観光行動において，重要な役割を果たしている。観光客が旅行先を決定する……
>
>
>
> わかりやすい文章表現が使われています。そして、次の段落❷から徐々に専門的なイメージ研究の話へ移行し、先行研究を引用しながら国のイメージの内容について説明しています。

Let's Try!

参考論文❶❷❸を参照のうえ、国のイメージに関する説明、SD 法の説明、問題意識（なぜその研究が必要なのか）などをまとめてみよう。

6.1.2 （2）先行研究の概観（研究史）

ここでは、過去に行われた研究の中から、自分の研究目的と直接関連する研究（**先行研究**）を取り上げて、当該テーマにおける研究の進捗状況をまとめます。そのうえで、自身の研究の位置付けを明らかにします。具体的な作業は、以下の Step を参考にしてください。

Step1	先行研究の検索・入手
Step2	先行研究の要約の作成
Step3	自分の研究の位置付け

Step1）先行研究の検索・入手

先行研究をインターネットで検索しよう。日本語論文の検索には **J-STAGE** や **CiNii** を、外国語論文の検索には **PubMed** や **PsycINFO** などを利用しよう。

> 「SD 法」というワードは、SD 法によるイメージ測定に限定しない場合、入力不要です。

①キーワード「心理学　SD 法　イメージ」で検索
SD 法は心理学以外の分野でも利用されているので、「心理学」というワードを入れること。また、検索結果を見て、「国」などの単語を追加してください。

②検索結果一覧→タイトルや要約を確認
要約を読んで、自分の研究との関連性を判断します。もし、検索結果が膨大である場合は、直近 20 〜 30 年を目安に調べてください。

Let's Try!

調べた論文のうち、研究目的に関連するものを記載しよう。

1)

2)

3)

Step2）先行研究の要約の作成

Step1 で調べた関連論文を読み、これまでどのような研究が行われてきたのかを、**要約**としてまとめます。まとめる内容は①目的、②方法、③結果です。ただし、引用する全ての研究について、①〜③をまとめる必要はありません。議論を進めるうえで必要な部分と、考察において結果の比較に用いる内容を簡潔に要約してください。

Let's Try!

解説をふまえて、先行研究の必要箇所を要約してみよう。

①目的

②方法

③結果

Step3) 自分の研究の位置付け

Step2 で要約した先行研究と自身の研究との差異について述べ、自分の研究の位置付けを明らかにします。具体的には、自分の研究が先行研究と比べてどんな点で新しいかや、先行研究の問題点をどのように改善したか等について記述します。

> 詳しい説明は、3章 3.1.2 項 の Step3 を参照してください。

Check it! 　参考論文❺で、研究の位置付けを確認してみよう。

参考論文❺　これまで、国のイメージについて検討した研究はいくつもあるが、観光客数上位の国に限定して、イメージの構成要因を検討した研究は見当たらない。

　自身の研究の新しい部分を述べたうえで、続く段落では、それを検討することでどのような意義があるかを説明しています。

Let's Try!

解説を読み、自分の研究の位置付けをまとめよう。

6.1.3 （3）目的

Let's Try!

研究の目的について、簡潔に記述しよう。具体的には、**どんな方法によって何を測定し、そこから何を明らかにするか**などをまとめてください（参考文献❺）。

> 例）「本研究では・・・・・・を検討することを目的とした。」

6.1.4 まとめ（「問題」部分の構成）

Let's Try!

（1）〜（3）でまとめた内容を整理して、「問題」部分を完成させよう。

問題〜目的の見出しは、必要に応じて追加・工夫してかまいません。もちろん、見出し不使用でもOKです。

```
-------------------------- 1行あける --------------------------
         慣例にしたがって、中央大見出しを省略する構成もあります。
-------------------------- 1行あける --------------------------

**問題**



**先行研究**



**目的**
```

6.2 方法

　「方法」では、目的に掲げたことを検討するために自分が用いた方法について、項目別に分けて、過去形の文章で記述します。書くべき内容は、テーマによって多少異なります。

　今回は「SD 法によるイメージ測定」なので、手続き等の一般的な項目に加え、SD 法に特徴的な予備調査や形容詞対の選定についても、見出しをつけてまとめます。

　それでは、（1）から順番に、解説を行います。

●方法部分
　（1）予備調査
　（2）形容詞対の選定
　（3）評定対象（刺激）
　（4）評定者
　（5）手続き

6.2.1 （1）予備調査

　イメージ測定に使う形容詞対を決める際に、予備調査を実施した場合は、その内容について記述します。予備調査は、形容詞対の決定に至る重要なプロセスの一つなので、実施した場合は、必ず論文中に記述してください。

Let's Try!

参考論文❻を参照のうえ、予備調査についてまとめよう。記述内容は、予備調査の目的、方法（調査内容や参加者など）、結果の処理方法などです。

162　第6章　SD法を用いた国のイメージの測定＆因子分析

参考論文では、(1) と
(2) が別々に書かれ
ていますが、「予備調
査」として一つにまと
めてもかまいません。

6.2.2　(2) 形容詞対の選定

　ここでは、最終的にどのように形容詞対を決定したかや、選定した形容詞対の内容およびその数について記述します。

Let's Try!

参考論文❼を読んで、まとめてみよう。

6.2.3　(3) 評定対象（刺激）

　イメージを測定する対象について記述します。なお、評定対象が、写真や形など視覚的な材料である場合、その例を図として載せるとよいでしょう。

Let's Try!

参考論文❽を一読のうえ、評定対象についてまとめよう。

6.2.4 （4）評定者

　SD 評定に参加した人の合計人数、男女比、平均年齢やその標準偏差、社会的属性（大学生など）、評定者の選定方法（授業義務として参加、無作為抽出、有意抽出）、報酬の有無などをまとめます。

　なお、参加者に関する記述は、実験では実験参加者、調査では調査対象者、今回のような評定法においては評定者というふうに、研究内容によって変わります。

Let's Try!

解説をふまえて、評定者についてまとめよう。

6.2.5 （5）手続き

　イメージ測定の手続き（開始〜終了までの流れ）について、時間的な経過にそってまとめてください。また、SD 法では、刺激の評定順序や形容詞対の並び順が、評定者間で同一であったか否かについてもふれてください。さらに、評定全体の所要時間や、評定が個別 or 集団で行われたのか、なども記述するとよいでしょう。

Let's Try!

参考論文❾を参照のうえ、手続きについてまとめよう。

164　第6章　SD法を用いた国のイメージの測定＆因子分析

6.2.6　まとめ（「方法」部分の構成）

Let's Try!

（1）～（5）でまとめた内容に、それぞれ見出しを付けて、「方法」部分を構成しよう。「方法」では、項目ごとに見出しを付けることが必須です。

------------------------------- 1行あける -------------------------------
方法
------------------------------- 1行あける -------------------------------

予備調査

形容詞対の選定

評定対象（刺激）

評定者

手続き

6.3 結果

「結果」では、自分の解釈を入れず、評定で得られた結果（事実のみ）を簡潔に述べます。SD 法の測定結果に対し、どのような統計分析を行い、いかなる結果が得られたかを、統計量にふれながらまとめます。また、必要に応じて、結果を図や表にあらわします。

それでは、(0) ローデータの整理を含め、順番に解説していきます。

●結果部分
　(1) 記述統計：平均評定値
　(2) 図の作成：プロフィール
　(3) 相関係数：ピアソンの積率相関係数
　(4) 応用 多変量解析：探索的因子分析

6.3.1 (0) ローデータの整理

結果について分析・記述するために、各被験者の評定結果（ローデータ）を点数化して、Excel 表などに整理しましょう。

最近では、データ収集の方法も多様化しており、Google フォームなどを利用する読者もいるでしょう。しかし、ここでは、多数の被験者に対して一斉に実施可能な評定用紙を用いた方法を想定して、解説を行います。

Google フォーム
https://www.google.com/intl/ja_jp/forms/about/

(A) 評定結果の点数化

Let's Try!

それぞれの評定者について、評定対象（国）ごと、形容詞対別（尺度別）に、評定結果を点数化します。今回は 7 段階尺度なので、各尺度の左から順に 1〜7 の点数を与えます（Figure 6-2 参照）。

点数化は、基本的に肯定的な形容詞の点数が高くなるように行います。したがって、評定用紙作成時に形容詞対の左右を入れ替えたものについては、点数化を逆に行う必要があります。本書では、ミスを防ぐために、ここではなく、6.3.2 項 (1) で変換を行います。

Figure 6-2. 点数化の方法。

166　第6章　SD法を用いた国のイメージの測定＆因子分析

（B）データの入力

Let's Try!

後々、因子分析を実施する場合は、使用する統計ソフトで求められるデータの入力形式を考慮のうえ、ここでの形式を決めてください。

点数化が終わったら、Excel にデータを入力しよう。まず、どんな形式で入力したらよいか、考えてみよう。

今回のデータ構造は「評定対象が合計 10 カ国あり、それぞれの評定対象について、12 尺度の評定結果がある」という形です。つまり、**10（対象）× 12（形容詞対）× N（評定者数）**のデータがあるわけです。この点をふまえて、整理する表の形式を決めよう。

6.3.2　（1）記述統計：平均評定値の算出

Let's Try!

データ入力が完了したら、評定対象ごと、形容詞対別に、平均値を算出しよう。なお、評定用紙を作成する際に、形容詞対の左右を入れ替えたものについては、平均値算出後、**肯定的な形容詞の点数が高くなるように**、結果を変換します。

例えば、「明るい―暗い」であれば、「明るい」の方が肯定的なので、「明るい」を7点、「暗い」を1点として点数化します。

＊どちらが肯定的かの判断ができない場合（例えば、伝統的な―現代的な）、何を仮定した因子であるか（どんな特性を測定する尺度と考えたか）を考慮して判断してください。

〈変換の方法〉

求めた平均値を、8から減算します（5段階尺度の場合、6から減算）。

平均評定値 2.6 →　8 − 2.6 = 5.4

必要な作業が終わったら、平均値を表に整理しよう。この際、形容詞対（尺度）の並び順を、次項 6.3.3 のプロフィール図と一致させておくと、何かと便利です。

	尺度1	尺度2	尺度3	尺度4	尺度5	尺度6	尺度7	尺度8	尺度9	尺度10	尺度11	尺度12
1 フランス												
2 アメリカ												
3 スペイン												
4 中国												
5 イタリア												
6 トルコ												
7 ドイツ												
8 イギリス												
9 メキシコ												
10 ロシア連邦												

6.3.3 （2）図の作成：プロフィール

Let's Try!

評定対象別（国別）に、前項6.3.2で整理した12形容詞対の平均評定値を数直線上にプロットして、**プロフィール**（Figure 6-3）を描いてみよう。プロフィールに表すことで、各国のイメージを直感的に理解できます。

作成の際は、以下の点に注意してください。
①形容詞対の配列（並び順）は、同一特性（因子）ごとにまとめる。
②形容詞の左右は、一定の方向で揃える（例えば、左側に否定的、右側に肯定的）。

パソコンで作成する場合は、Excelやペイントソフトを駆使して、試行錯誤が必要になります。

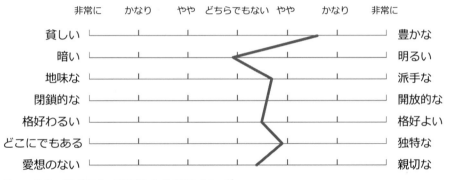

Figure 6-3. SD法によって測定したドイツのイメージ。

Figure 6-3は、例として、一部のみ掲載した。なお、形容詞対の配列は、ランダムなまま。Excelとペイントソフトにて作成。

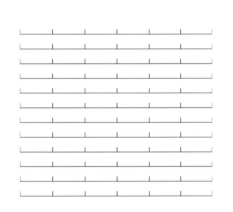

168 第6章 SD法を用いた国のイメージの測定＆因子分析

Let's Try!

各国のプロフィールから読みとれる特徴をまとめよう。

> 例）ドイツに対して，豊かで，やや独特なイメージを抱いている。

●フランス

●アメリカ

●スペイン

●中国

170　第6章　SD法を用いた国のイメージの測定＆因子分析

●イタリア

●トルコ

●ドイツ

●イギリス

●メキシコ

●ロシア連邦

6.3.4　（3）相関係数：ピアソンの積率相関係数の算出

☞鵜沼秀行・長谷川桐 (2016)．改訂版 はじめての心理統計法 東京図書　p.292「詳しい説明」を参照。

　SD法では、尺度（形容詞対）間の類似性を検討するために、相関係数を算出することがあります。SD法のデータから相関係数を求める方法は三つあります。ただし、Osgood（1957）が述べているとおり、どの方法でも結果には大差ありません。

Let's Try!

いずれかの方法で、尺度間の相関係数を求めてみよう。

尺度	1	2	3	4	5	6	7	8	9	10	11	12
1	−											
2		−										
3			−										
4				−								
5					−							
6						−						
7							−					
8								−				
9									−			
10										−		
11											−	
12												−

Let's Try!

尺度間の相関係数についてまとめよう。特に、同一の特性を測る尺度間の相関が高いかどうかに注目しよう。また、同一特性で相関の低い尺度間については、どの尺度と高い相関を示しているかチェックしよう。なお、心理学実験のレポートでは、手引書によってまとめる内容が異なるので、それにしたがってください。

> 通常、同じ特性を測る尺度（形容詞対）間の相関は高くなります。それに対し、異なる特性を測る尺度間の相関は低くなります。
> ☞詳しい解説は鵜沼秀行・長谷川桐（2016）．改訂版 はじめての心理統計法　東京図書 p.291〜。

_____
_____
_____
_____

【まとめ方の例】

○○○を検討するために、尺度間の相関係数（ピアソンの積率相関係数）を算出した。その結果、●●特性の尺度間の相関は相互に高かった（$r=$　　〜　　）。一方、●●特性と他の特性（▲▲, ■■）の尺度間は低い相関を示した（$r=$　　〜　　）……。

相関係数の値は、小数点前のゼロを省略して記述すること→ $r=.45$

172　第6章　SD法を用いた国のイメージの測定＆因子分析

6.3.5 （4）応用 多変量解析：探索的因子分析

側注：
「潜在変数」とは、実際上は観測することができないが、多変量データの構造（変数間の相関関係）を説明するために、説明概念として仮定する変数のことです。因子分析では、潜在変数を、因子として考えます。
それに対し、「顕在変数」があります。これは、実際に観測できる変数で、一言でいえば、測定値のことです。

　因子分析とは、測定された量的変数の間の相関係数をもとにして、変数間の共通性を説明するような潜在変数すなわち**因子（共通因子）**を導きだす手法です。相関の高い変数同士が一つにまとまり、共通の因子を表すことが基本的な考え方になります。

　SD法によるイメージ測定では、通常、評定結果に対して因子分析を行い、評定対象のイメージを規定する因子を明らかにします。ただし、因子分析は高度な手法であるため、学部の心理学実験では実施しないことも多いです。したがって、本章では、**応用**と位置付けています。

側注：
因子分析に関する詳しい説明は、鵜沼秀行・長谷川桐著（2016），改訂版 はじめての心理統計法　東京図書 p.290～を参照。結果の解釈などは、コンパクトにまとまっているので、特にビギナーの読者には使いやすいと思います。

● Let's Try!

　それでは、因子分析の方法および回転の方法を選択のうえ、因子分析を実施して、上位国のイメージの構成要因を検討してみよう。実際の計算は、SPSSやRなどの統計ソフトで行います。

（A）因子分析結果のまとめ

側注：
因子の抽出方法としてよく使われているのは、最尤法と主因子法です。もし方法選択に迷ったら、著者は、長所・短所を考慮して、**「最尤法、プロマックス回転」**をおすすめします。

　因子分析の結果の解釈では、様々な統計量を考慮する必要があるので、初めに結果の要点を以下のテンプレートに整理しておこう。

側注：
注意　共通性の低い尺度は、共通因子で説明される割合が小さいということだから、因子分析においてあまり意味がない。そのため、削除することがあります。原則として、共通性の最大値は1。

〈分析の概要〉

評定対象【　　　　　　　】　評定対象の数【　　　　】　尺度の数【　　　　　】

因子分析の方法（因子の抽出方法）　　＿＿＿＿＿＿＿＿＿法

回転の方法　　直交　・斜交　回転　[　　　　　　　　　　　　　　]

………………………………………………………………………………………

〈共通性（1－共通性＝独自性）〉

　共通性は、共通因子で説明される部分がどの程度あるかを表します。

●側注を参照の上、共通性の低い尺度（形容詞対）を書き出そう。

＿＿＿＿＿＿＿＿＿　＿＿＿＿＿＿＿＿＿　＿＿＿＿＿＿＿＿＿

〈因子数の決定〉＊固有値、累積説明率、先行研究等から判断します。

抽出された因子数【　　　　　　】　因子抽出の基準【　　　　　　　　】

〈因子寄与〉
因子1【　　　　】＞因子2【　　　　】＞因子3【　　　】

〈寄与率（因子寄与÷尺度数×100）、累積寄与率〉
因子1【　　％】因子2【　　％】因子3【　　％】●累積【　　％】

〈因子負荷量（回転後）〉
因子負荷量は、各因子と各変数の関係の強さを表す指標です。値が大きいほど関係が強いと言えます。

● 0.3 or 0.4 以上を基準に、各因子と関係の強い変数を書き出そう。
因子1と関係の強い変数【　　　　　　　　　　　　　　　】
因子2と関係の強い変数【　　　　　　　　　　　　　　　】
因子3と関係の強い変数【　　　　　　　　　　　　　　　】

⬇

この結果をもとにして、**各因子の解釈** を行います。

| 因子の解釈＆命名 |　各因子が、どのようなことを表す因子であるかを解釈し、その因子の内容をよく表す名前をつけます。例えば、因子1と関連の強い尺度には、どのような共通点があるかを考えてみよう。なお、解釈の際は、因子負荷量の正・負に注意してください。

【因子1】＿＿＿＿＿＿＿＿＿＿＿＿＿＿＿＿＿＿＿＿＿＿
　　　　　　　　　　　　　　　　命名 ［　　　　　　］
【因子2】＿＿＿＿＿＿＿＿＿＿＿＿＿＿＿＿＿＿＿＿＿＿
　　　　　　　　　　　　　　　　命名 ［　　　　　　］
【因子3】＿＿＿＿＿＿＿＿＿＿＿＿＿＿＿＿＿＿＿＿＿＿
　　　　　　　　　　　　　　　　命名 ［　　　　　　］

〈因子間相関〉＊斜交回転のみ
【　　　　】【　　　　　】【　　　　　】

〈因子得点〉
　平均0、SD1になるよう標準化された得点で、0に近いほど平均的。値が大きいほど得点が高く、その因子の特性が高いと言えます。

●今回は、評定対象（国）ごとに各因子得点の平均値を出して、各評定対象の特徴を簡単にまとめておこう。

[　　　　　　]　＿＿＿＿＿＿＿＿＿＿＿＿＿＿＿＿＿＿＿＿＿＿＿＿＿＿

[　　　　　　]　＿＿＿＿＿＿＿＿＿＿＿＿＿＿＿＿＿＿＿＿＿＿＿＿＿＿

[　　　　　　]　＿＿＿＿＿＿＿＿＿＿＿＿＿＿＿＿＿＿＿＿＿＿＿＿＿＿

[　　　　　　]　＿＿＿＿＿＿＿＿＿＿＿＿＿＿＿＿＿＿＿＿＿＿＿＿＿＿

[　　　　　　]　＿＿＿＿＿＿＿＿＿＿＿＿＿＿＿＿＿＿＿＿＿＿＿＿＿＿

[　　　　　　]　＿＿＿＿＿＿＿＿＿＿＿＿＿＿＿＿＿＿＿＿＿＿＿＿＿＿

[　　　　　　]　＿＿＿＿＿＿＿＿＿＿＿＿＿＿＿＿＿＿＿＿＿＿＿＿＿＿

[　　　　　　]　＿＿＿＿＿＿＿＿＿＿＿＿＿＿＿＿＿＿＿＿＿＿＿＿＿＿

[　　　　　　]　＿＿＿＿＿＿＿＿＿＿＿＿＿＿＿＿＿＿＿＿＿＿＿＿＿＿

[　　　　　　]　＿＿＿＿＿＿＿＿＿＿＿＿＿＿＿＿＿＿＿＿＿＿＿＿＿＿

Let's Try!

テンプレートの整理が終わったら、それを見ながら、結果を文章にまとめていきます。具体的には、【まとめ方の例】や参考論文⓬、☑ Checklist を参考のうえ、まとめてみよう。

【まとめ方の例】

○○○を検討するために，○○○の評定値に対する因子分析（○○○法，○○○○○○○回転，固有値1以上）を行った。（○○○−○○○については，共通性が低いため，削除した。）その結果，3因子が得られた（Table 6-2）。各因子を構成する形容詞対および先行研究を参考に，因子を命名した。第1因子は，明るい，開放的な，おもしろい，親切な，派手な，格好よい，おいしい，の因子負荷量が高く，「○○○因子」と命名した。第2因子は，○○○，○○○の因子負荷量が高く，○○○が負の方向に高かったため，「○○○因子」と命名した。第3因子は，○○○，○○○，○○○の因子負荷量が高く，「○○○因子」と命名した…………

初めに、分析の概要についてまとめます。次に、分析の結果および因子の解釈＆命名について記述します。

☑ Checklist【因子分析：結果のまとめで記述すること】

分析の概要
□因子抽出の方法（最尤法、主因子法など）
□回転の方法（プロマックス回転、バリマックス回転など）
□因子抽出の基準（固有値1以上）
□削除した尺度（形容詞対）があれば、理由とともに記述
....
因子分析の結果、因子の解釈
□抽出された因子数
□因子の解釈＆命名
□因子負荷量の大きさ＆正負
□因子分析表（Table 6-2 or 6-3）の提示 　　　　＊後述（B）参照

（B）因子分析表の作成

通常、因子分析の結果を記述する際は、「**因子分析表（因子パタン）**」を示します。因子分析表は、尺度（形容詞対）や因子負荷量などを一覧にまとめたもので、回転の方法（直交：Table 6-2、斜交：Table 6-3）によって記入すべき内容が異なります。

176　第6章　SD法を用いた国のイメージの測定＆因子分析

直交回転（Table 6-2）では、尺度、因子負荷量、共通性、因子寄与、寄与率が記載されます。

Table 6-2
バリマックス回転後の因子負荷量（$N = 79$）

	項目	第1因子	第2因子	第3因子	共通性
1	明るい-暗い	**.78**	-.10	.21	.67
2	開放的な-閉鎖的な	**.72**	-.05	.24	.57
3	おもしろい-つまらない	**.70**	-.06	.17	.53
4	親切な-愛想のない	**.69**	.37	.06	.61
5	派手な-地味な	**.66**	-.39	.24	.64
6	格好よい-格好わるい	**.43**	.17	**.53**	.49
7	おいしい-まずい	**.39**	.07	.07	.17
8	刺激的な-穏やかな	.18	**-.60**	-.07	.39
9	安全な-危険な	.05	**.59**	.24	.41
10	きれいな-きたない	.14	**.53**	**.50**	.55
11	豊かな-貧しい	.11	.18	**.65**	.47
12	独特な-どこにでもある	.21	-.09	-.09	.06
	因子寄与	2.97	1.36	1.22	
	寄与率（%）	24.78	11.34	10.18	

斜交回転（Table 6-3）では、尺度、因子負荷量、因子間相関が示されます。

注）Table 6-3の因子負荷量は省略してあります。記入方法はTable 6-2と同一です。

Table 6-3
プロマックス回転後の因子負荷量（$N = 79$）

	項目	因子1	因子2	因子3
1	明るい-暗い			
2	開放的な-閉鎖的な			
3	おもしろい-つまらない			
4	親切な-愛想のない			
5	派手な-地味な			
6	格好よい-格好わるい			
7	おいしい-まずい			
8	刺激的な-穏やかな			
9	安全な-危険な			
10	きれいな-きたない			
11	豊かな-貧しい			
12	独特な-どこにでもある			
	因子間相関	因子1	因子2	因子3
	因子1	－	.53	-.05
	因子2		－	.21
	因子3			－

Let's Try!

掲載した Table および下記のポイントを参考にして、自分の適用した回転方法に合わせた因子分析表を作ってみよう。

● **Point** 第1因子から、因子負荷量の大きい項目順に並べると見やすくなります。また、因子負荷量の大きい数値を強調したい場合は、該当する数値を**ボールド体**にしてもかまいません。因子負荷量は、小数点前のゼロを省略し、小数点の位置をそろえること。全体的なレイアウトについては、見出しと数値が中央揃え、尺度項目は左揃えにすること。

6.3.6 まとめ（「結果」部分の構成）

Let's Try!

先にまとめた内容を整理して、「結果」部分を完成させよう。なお、図表を掲載する場合は、本文中での言及が必要です（参考論文⓫⓬）。

```
------------------------- 1 行あける -------------------------
                          結果
------------------------- 1 行あける -------------------------
（本文書き出し）




```

6.4　考察

考察では、結果を解釈し、主に以下の 5 点についてまとめます。
それでは、（1）から順番に解説を行います。

●考察部分
　（1）要約
　（2）結果の解釈（結果をどのように説明するか）
　（3）先行研究との比較
　（4）今後の課題と研究の限界
　（5）結論

6.4.1　（1）要約

考察の冒頭で、研究の目的と結果について、簡潔に**要約**します。

Let's Try!

今回の研究の要約を書いてみよう（参考論文❸）。

6.4.2 （2）結果をどのように説明するか

　研究の結果から、どのようなことが言えるか、何が明らかになったのかを記述します。また、得られた結果に対し、説明を与えます。つまり結果をどのような理論・原因で説明するかということです。説明には、理論的な観点と、方法論的観点があります。例えば、方法論的観点では、イメージ測定に使われた形容詞対は適切であったか、評定者のサンプリングに問題はなかったか（偏りがないか、広く一般的なイメージを反映していると言えるか）、などが考えられます。

Let's Try!

結果の説明をまとめてみよう。

6.4.3 （3）先行研究との比較

Let's Try!

自分の研究結果と「問題」で引用した先行研究との結果の比較を行い、一致点、相違点をまとめよう。相違点については、結果が一致しなかった理由も述べること。

一致点

相違点

一致しなかった理由

6.4.4　（4）今後の課題と研究の限界

　今回の研究で、説明のつかなかった結果などがあれば、それに関する検討方針を具体的にまとめてください。また、（2）において、結果に対して方法論的な説明を与えた場合は、そこで指摘した問題点も、今後の検討課題の一つになります。

　研究の限界については、今回の結果をどこまで一般化できるか、という話です。厳密に言えば、自分がイメージ測定を行った評定者の母集団に限定して、一般化を行うべきかもしれません。しかし、現実的な制約の中で、一般化の可能性を広げるためには、SD法に限らず、他の方法によるイメージ測定の結果（先行研究）などを含めて議論することが大切になります。

Let's Try!

6.4.5 （5）結論

Let's Try!

最後に、研究によって明らかになったことやその意義を、簡潔にまとめます。

6.4.6 まとめ（「考察」部分の構成）

Let's Try!

先にまとめた（1）〜（5）を整理・構成して、「考察」部分を完成させよう。

---------------------------- 1行あける ----------------------------
考察
---------------------------- 1行あける ----------------------------
（本文書き出し）

6.5 引用文献

Let's Try!

日本心理学会「心理学研究」執筆・投稿の手びき
http://www.psych.or.jp/publication/inst.html

日本心理学会「執筆・投稿の手びき」や本書1章にしたがって、論文中で引用した文献のリストを作成しよう。

引用文献は、日本人も外国人も、著者姓でABC順に並べます。文献の記述形式は、種類ごと（論文、書籍、翻訳本、インターネット資料など）に実に細かく決められていますが、とりあえず頻繁に使う論文と書籍の記述形式を覚えておきましょう。以下のリストには、日本語書籍の例が記載されています。また、参考論文には、外国語雑誌の論文例が載っているので、参考にしてください。

〈基本的な記述形式〉
論文
著者名、出版年、タイトル、雑誌名、巻数、ページ番号
＊日本語論文では、巻数をイタリック体に、外国語論文では、雑誌名と巻数をイタリック体にします。ページ番号は、最初と最後のページを記載します。

書籍
著者名、出版年、タイトル、出版社名
＊外国語書籍の場合、出版社名の前に、出版地も記載します。また、タイトル（書名）はイタリック体にします。

---------------------------- 1行あける ----------------------------

引用文献

---------------------------- 1行あける ----------------------------

岩下 豊彦 （1983）．SD法によるイメージの測定　川島書店

第7章 知覚される表情の強さの予測&重回帰分析

学ぶこと

- 認知心理学的な実験法

- パス図の作成

- 重回帰分析結果の文章表現

キーワード

表情認知

認知・知覚心理学

重回帰分析

本章では、以下の実験計画に基づき、論文の作成過程を解説します。

【概要】
実験の目的は、表情の知覚に関して、顔の特徴と知覚される怒りの強さの関数関係を検討することです。具体的に、モデルとして、3変数（眉の傾き、目の開き、口の開き）の線型結合（加算）モデルを仮定します。実験では、図式顔の眉の傾き（11水準）、目の開き（6水準）、口の開き（6水準）を操作し、各変数の組み合わせで合計396刺激を作成しています。被験者は、全ての刺激に対して、知覚された怒りの強さを5段階で評定します。結果の分析では、評定結果を基準変数、顔の3変数を説明変数として重回帰分析を行い、知覚される怒りの強さが3変数モデルによって何%説明・予測されるかを検討します。

184 第7章 知覚される表情の強さの予測&重回帰分析

■参考論文

Facial features in perceived intensity of schematic facial expressions

Hisa HASEGAWA (*Aoyama Gakuin University*)
Hideyuki UNUMA (*Kawamura gakuen Women's University*)
Perceptual and Motor Skills, 2010,110, 129-149

> ●論文全体に対する注意点
> 注1) 参考論文は, *Perceptual and Motor Skills* に掲載された論文：Hasegawa & Unuma (2010) の一部を改変したものです。
> 注2) Figure 1 は省略しました。

❶これまでの研究でわかっていることが記述されています。

❶ かなり多くの研究が, 視覚システムは顔や表情をきわめて効率的に処理することを指摘している (Bruce, Desimone, & Gross, 1981; Schwartz, Izard, & Ansul, 1985; Purcell & Stewart, 1988; Tanaka & Farah, 1993)。人間の顔の処理を集中的に取り上げたこの種の研究の多くが, 人間は表情をとても正確に認識することを示してきた (Ekman & Friesen, 1975; Ekman, 1993)。

------------------------ (中略) ------------------------

❷現在の問題：この論文での問題の出発点が書かれています。

❸先行研究の要約
☞本文 7.1.2 項, Step2

❹先行研究の要約
☞本文 7.1.2 項, Step2

❹後半では, 自身の研究の位置付け（先行研究との差異）を明確にしています。☞本文 7.1.2 項, Step3

❷ 表情の知覚に関してひとつの問題が未解決である：視覚的特徴, つまり特定の表情を伝えるために顔の部分の情報がどのように知覚されるのか, という問題である。確かに表情の記述的モデルの大多数は顔の部分的な要素を基礎にしているが (Ekman & Friesen, 1975; Ekman, 1993), これらのアプローチは必ずしも観察者がどのようにしてそのような表情を知覚しているのかを説明していない。

------------------------ (中略) ------------------------

表情知覚のモデル

本研究では, 表情の知覚的処理を問題とする。表情の知覚研究においては, これまで, 部分の総合による説明と顔の全体的な処理を仮定する説明が提案されてきた。

------------------------ (中略) ------------------------

❺研究で仮定したモデルに関する詳しい説明が書かれています。☞本文 7.1.4 項

❸ Huber & Lenz (1993) は4つの視覚的特徴（2つの目の間隔, 額の高さ, 鼻の長さ, 口の位置）を実験的に操作した。彼らは, 表情の分

類は各特徴の値の線型加算で説明できると結論した。しかし, 彼らが検討したものには, 視覚的特徴の関係は含まれていなかった。

------------------------ (中略) ------------------------

❹ 一方, Massaro ら (Ellison & Massaro, 1997) は, 表情知覚を説明する異なった種類のモデルを提案した。彼らは, 顔特徴はまず独立に処理されて, その後統合され, 統合された表情は連続的な次元（怒り―幸福）の上で評価される (Fuzzy Logic Model) と仮定した。また, Massaro らは特徴の統合が加算ではなく乗算的であると考え, このモデルが線型加算モデルよりも有効であると主張した。しかしながら, Massaro らのモデルにおける怒り―幸福という表情の連続次元についての仮定は, 彼らの用いた課題に特有であって, 単一の次元を仮定することには問題が多いと考えられる。

------------------------ (中略) ------------------------

そこで, 本研究では, 視覚的特徴が表情の知覚された強さに与える影響が評定課題によって組織的に検討された。また, 表情知覚を予測するモデルとして, 視覚的特徴の処理を加算することで統合すると仮定した線型加算モデルが検討された。比較されたモデルの中には, 視覚的特徴の関係を仮定するモデルも含まれた。

❺**本研究で仮定したモデル**

具体的には, 2つの線型加算モデルが検討された。(1) 特徴―比率モデル (Feature-Ratio Model) は個々の特徴の空間的な比率（眉の傾

きの正接 tangent，口の開きの縦横比，など）が符号化されることを仮定した。これに対して，(2) 特徴—距離モデル (Feature-Dsitance Model) は，特徴間の関係（目と眉の距離，など）を符号化すると仮定された。特徴—比率モデルは，個々の特徴が別々に処理されることを仮定したモデルである。特徴—距離モデルは，特徴間の関係を含む全体的な処理を仮定したモデルである。もし，表情の知覚が，単に個々の特徴の処理ではなく，特徴間の統合した処理に規定されるならば，表情の評定値は特徴—比率モデルよりも特徴—距離モデルでより良く予測されるであろう。

　２つのモデルはいずれも線型加算モデルであるが，本研究は，線型加算モデルを一般化するために，表情の知覚に対して特徴ごとの重みを考慮した「重みつき」線型加算モデル (Weighted Linear Additive Model) を適用した。Huber & Lenz (1993) においても，実験の結果から線型加算における特徴の重みは示唆されていたが，特定の表情の知覚と個々の特徴の重みの関係は検討されなかった。そこで，具体的に本研究では，怒りの表情知覚において，顔の上半分の領域が重要であることを仮定した。その根拠は，先行研究 (Sullivan & Kirkpatrick, 1996; Gouta & Miyamoto, 2000) からの以下のような知見である。

------------------------ （中略）------------------------

実験 1

❻　実験１では，知覚された怒りの強さに関して，特徴—比率モデルと特徴—距離モデルを比較検討することを目的とした。

方法

❼　実験参加者　30 名の大学生と大学院生が実験に参加した。参加者は全て女性であった（平均年齢 21.9，標準偏差 2.5）。全ての参加者は，実験の目的に対してナイーブであった。参加者

の視力（矯正含む）は健常であり，彼女らは個別に実験をおこなった。

❽　器具・装置　刺激は，パーソナルコンピュータ (NEC LW36H18) と画像描画ソフトウエアを使って，Brunswik タイプの図式顔から生成した。Visual Basic 6.0 (Microsoft) でかかれたプログラムが，パーソナルコンピュータ (NEC) と 12 インチカラーディスプレイ (30.48cm) を使って，刺激の呈示と被験者の反応の記録を制御した。あごのせ台が，モニターから 57.3cm の距離で，各参加者の頭を固定した。参加者の反応は，拡張キーボード (NEC) でなされた。分析は，SPSS 統計パッケージ (Version12, SPSS, Inc.) および R 統計パッケージ (Version2.5.1, the R project for statistical computing) を用いて実行された。

❾　刺激　線画の顔のセットは，円と直線によって定義された内部の特徴と，単純な楕円形の輪郭から構成されたプロットタイプ的な図式顔 (Brunswik & Reiter, 1937; Reed, 1972) に基づいて作成された。図式顔の中の，3 つの特徴（眉の傾き，目の開き，口の開き）が操作された。眉の傾きは 11 水準で変えられた。一方，目の開きと口の開きは 6 水準で変えられた。3 つの特徴の全ての組み合わせ (11×6×6) により，396 刺激が生成された。本実験で使われた刺激の例が Figure 1 に示されている。

　顔刺激のサイズは，高さで 52mm，幅で 33mm であった。顔刺激は，高さで視角 5.2°，幅で 3.3° の範囲を定めた。眉は，長さで 1° の範囲を定めた。眉の傾きは，眉の外側の端を上げることによって操作され，水平レベル 0° から 50° まで，5° ステップで変えられた。目の開きは，6 段階で，目の高さを変えることによって操作された。まぶたの高さは，目の底部と比較すると，0.23° から 0.46° の範囲を定めた。目の幅は，0.80° の範囲を定めた。口の開きはまた，直線 0 から 0.10 まで，6 段階で，輪郭の湾曲を変えることによって操作された。口は，高さで 0° から 0.43°，幅で 1.20° の範囲

❻実験１の目的☞本文 7.1.3 項

❽観察距離が 57.3cm の場合，刺激の視角 1° は刺激の長さ 1cm に対応するので，しばしばこの観察距離が用いられています。視角と刺激の大きさの関係が，すぐにわかるからです。

❾視覚に関する実験において，「見え方」は視角に依存するので，刺激の大きさを視角であらわすことがあります。視角数 °の範囲が，細かいところまで明瞭に見える範囲であると言われています。☞本文 7.2.2 項

186　第7章　知覚される表情の強さの予測＆重回帰分析

❿ 1試行の構成，実験全体の試行数，刺激の呈示順序と呈示回数が記述されています。☞本文 7.2.4 項

⓫記述統計の結果（平均値の傾向）が簡潔に記されています。

⓬独立変数の効果を分散分析で検定し，その結果がまとめられています。統計的結論には，効果量や信頼区間が併記されています。

⓭重回帰分析の結果がまとめられています。ここでは，複数のモデルが比較されています。☞本文 7.3.2 項

⓭分散分析で交互作用を含むモデルを検討し，その結果，交互作用の効果量が小さかったので，交互作用を仮定しない重回帰分析を適用した，というまとめ方になっています。

Table 1 では，最適なモデルを決める際の比較のために，各モデルの調整済み決定係数や適合度（AIC）の値が示されています。

を定めた。

❿　手続き　参加者は，知覚された怒りの強さを5段階（1：強くない－5：非常に強い）で，対応するキーを押すことによって，評定するよう求められた。教示画面の後，顔刺激が各試行で1つずつ画面上に呈示された。各試行の前に，1秒間，画面の中心に凝視点が呈示された。凝視点の後，1秒間のインターバルがあり，顔刺激が被験者の反応が生じるまで呈示された。実験は，10回の練習試行と396刺激の本試行からなった。本試行では，396刺激から，ランダムに一度だけ，呈示された。

結果

⓫　怒りに対する全参加者の評定平均値は，図式顔の眉が傾くにしたがって，単調に 1.17 から 4.09 へと上昇した。評定平均値は同様に図式顔の口が開くにしたがって，2.80 から 3.29 へわずかに上昇したが，図式顔の目が開くにつれて 3.47 から 2.69 へと低下した。

⓬　眉の傾き，目の開き，口の開きを要因とする 11×6×6 の3要因分散分析（全て被験者内要因）を行った。結果は，眉の主効果（$F(10,290)$=651.78, p <.001, η^2 =.57, 95%CI =.56, .59），口の開きの主効果（$F(5,145)$=48.78, p <.001, η^2 =.02, 95%CI =.01, .02），目の開きの主効果（$F(5,145)$=34.30, p <.001, η^2 = .04, 95%CI =.04, .05）が有意であった。また，3要因の交互作用は全て有意であったが（p=.05），効果量（η^2）は全て .01 よりも小さく，全体の分散の1％以下しか説明できな

かった。

⓭　3つの特徴間の交互作用の効果量が小さかったので，3つの特徴（眉の傾き，眼の開き，口の開き）を説明変数とする重回帰分析を用いて，線型加算モデルのあてはめがおこなわれた。Table 1 は，実験1における怒り知覚の2つの線型加算モデルの結果を示している。特徴—距離モデル（Feature-Distance Model）によって説明された分散の割合は 59.05%（R^2_{adj}=.59, $F(3, 11876)$= 5720, p < .001）であり，これは特徴—比率モデル（Feature-Ratio Model）の割合 53.01%（R^2_{adj}=.53, $F(3, 11876)$=4468, p < .001）よりも高かった。さらに，特徴—距離モデルの最大対数尤度（$\ln L$=−13, 969.01）は，特徴—比率モデル（$\ln L$=−14, 791.70）より高く，また特徴—距離モデルの AIC（赤池情報量規準：小さいほどモデルが適合することを示す）が，特徴—比率モデルよりも小さかった（それぞれ，27, 948.01 と 29, 593.41）。これらの結果は，特徴—距離モデルが，特徴—比率モデルよりも怒りの評定値をより効率的に予測することを示している。

　　特徴—距離モデルによって説明された分散の割合と説明変数の数のバランスを決めるために，全ての説明変数が順次投入され，AIC がそれぞれのモデルについて計算された。結果として，怒り評定値は，1つ（29, 377.43）あるいは2つ（28, 388.45）の説明変数を用いた場合よりも，3つの説明変数を使った特徴—距離モデル（27, 948.01）から，より良く予測された（Table 1）。

Table 1
実験1でテストされた怒り知覚のモデルのあてはまりの良さ

	特徴—距離モデル（3変数：眉，目，口）	特徴—比率モデル（3変数：眉，目，口）	特徴—距離モデル（2変数：眉，目）	特徴—距離モデル（1変数：眉）
R^2_{adj}	.59	.53	.57	.54
AIC	27,948.01	29,593.41	28,388.45	29,337.43
β（各特徴の重み）				
眉	.73			
目	−.19			
口	.12			

注1）R^2_{adj}：調整済み決定係数を示し，値が大きいほどモデルのあてはまりが良い。AIC（赤池情報量規準）：値が小さいほど，モデルの適合度が高い。β（標準偏回帰係数）：本実験において，各説明変数と評定値の間の相関係数に等しい。
注2）Table 1 は，Hasegawa & Unuma（2010）を一部改変したものである。

また，3つの説明変数の相対的な重みを評価するために，標準偏回帰係数（β）が計算された（Table 1）。眉の特徴は，知覚される怒りの強さを最もよく説明する変数であった（β＝.73）。

特徴―距離モデルによる30人のデータにもとづく重回帰分析から，以下の式が得られた。

評定値＝2.30＋0.37b－0.30e＋0.25m

ここで，評定値は評定の予測値，b, e, mはそれぞれ眉の傾き，目の開き，口の開きの値である。

------------------------- （中略） -------------------------

考察

❹ 実験1では，特徴―距離モデルと特徴―比率モデルの比較をおこなった結果，特徴間の距離が知覚された怒りの強さをよりよく予測することを示した。すなわち，特徴間の距離にもとづく特徴―距離モデルが，個々の特徴が独立に処理されるという特徴―比率モデルよりも，より効率的に怒り評定値を予測した。

------------------------- （中略） -------------------------

❺ さらに，この全体的な知見に加えて，重回帰分析によって明らかになった顔の特徴ごとの異なる重みは，単純な特徴統合では知覚される表情の強度を説明できないことを示している。「単純な」統合では，各特徴は等しい重みで加算されると仮定されるが，今回の結果は，各特徴が異なる重みで選択的に統合されることを示唆している。

------------------------- （中略） -------------------------

❻ 実験1の結果は，Huber & Lenz (1993) の結果とも一致している点がある。本実験では，線型加算モデル（特徴―距離モデル）によって，全体の分散の60％が顔特徴の変数で説明された。Huberらでは，（各個別の）特徴の重み付けられた線型加算が顔の弁別反応の分散の80％を説明していた。これは視覚的特徴を変数とする線形加算モデルが，一般に表情知覚のモデルとして妥当であることを示唆している。

一方，本実験の特徴―距離モデルが特徴間の関係（距離）を説明変数とするのに対して，Huberらのモデルは個別の特徴の値のみを説明変数としていた点で，両者は異なっている。本実験では，特徴―比率モデルがHuberらのモデルと同様に，個別の特徴の値の線型加算を表現しており，その結果は，特徴―距離モデルよりも低い説明率であった。Huberらのモデルの説明率が80％と高かった理由は，少なくとも2つ考えられる。1つは，Huberらの実験が2つの顔カテゴリーの分類で，比較的容易な課題であったことが挙げられる。2つ目は，本実験のような表情の分類では，より多くの視覚特徴が処理される必要があり，図式的な顔刺激では操作された特徴が不足していた可能性がある。その結果，本実験のモデルの説明率がHuberらの実験よりも低かったと考えられる。

------------------------- （中略） -------------------------

❼ 本実験の結果は，操作された特徴の関数として怒りという表情の特性が知覚されたことを明確に示している。この問題は，以下の二つの実験でさらに検討される。

------------------------- （中略） -------------------------

❽ 引用文献

------------------------- （中略） -------------------------

A) Ekman, P. (1993). Facial expression and emotion. *American Psychologist*, *48*, 384-392.

B) Ekman, P., & Friesen, W. V. (1975). *Unmasking the face: a guide to recognizing emotions from facial clues.* Englewood Cliffs, NJ: Prentice-Hall.

C) Ekman, P., & Friesen, W. V. (1978). *Facial action coding system.* Palo Alto, CA: Consulting Psychologists Press.

❹要約として、目的と結果が簡潔に記述されています。☞本文 7.4.1 項

❺結果のもう一つの要点が述べられています。

❻先行研究との比較：最初の段落では一致点が述べられ、次の段落では差異が述べられています。それぞれで、きちんと説明が与えられています。☞本文 7.4.3 項

❼実験1の結論が簡潔に述べられています。☞本文 7.4.5 項

❽日本心理学会の執筆規定にしたがって、まとめられています。☞本文 7.5 節

❽引用文献の並び順は、著者の姓で ABC 順に並べます。
文献 A)、B)、C) のように、同一著者が第1著者である文献が複数ある場合、単著を先に並べます。

文献 B)、C) のように、同一著者による共著の文献が複数ある場合、出版年の早いものから順に並べます。

7.0 はじめに（本章のテーマについて）

顔研究に興味のある読者は、「日本顔学会」のWebサイトものぞいてみてください。http://www.jface.jp/

本章では、**表情の知覚**について取り上げます。表情知覚は、主に、知覚心理学や認知心理学の分野で研究が行われています。

私達は、人とのかかわりの中で、相手の感情を敏感に察知して、自己の態度を柔軟に変化させ、対人関係を円滑に維持しています。その際、他者の感情を知覚する材料の一つが、表情です。もちろん、表情以外にも、相手の声色や態度など、感情を含む情報はあります。

また、ひとくちに表情といっても、細かく見れば、たくさんあります。心理学でよく研究されている表情は、アメリカのEkmanによる**基本6表情（怒り、悲しみ、幸福、驚き、嫌悪、恐れ）**です。基本6表情は、人種や文化に関係なく、世界共通にみられる普遍的な表情であると言われています。

表情研究では、私達が顔の中のいかなる情報をもとにして、他者の表情やその強さを知覚判断しているのか、という問題があります。

今回クローズアップする研究は、著者らの論文（Hasegawa & Unuma, 2010）で、特に**表情の強さ**の問題に焦点を当てています。すなわち、表情の強さの違い（例えば、強い怒りと弱い怒り）が、顔内部のどのような要因によって生じるのか、それら要因と知覚される表情の強さとの関数関係はどのようなものかという話です。著者らの研究では、これらの問題を怒りと悲しみ表情について取り上げ、複数のモデルを立てて比較検討しています。しかし、話が高度になるので、本章では怒り表情のみを取り上げて、一つのモデルの検討を想定し、論文の書き方を解説していきます。

なお、データ分析では、**重回帰分析**という多変量解析の手法を用いています。全体的にも難易度は上がりますが、結果のまとめ方や図示（パス図）についても、丁寧に説明していきたいと思います。

7.1 問題

「問題」では、研究で取り上げるテーマに関する説明や問題意識、先行研究、研究の目的などを記述します。今回は、前述した項目に加えて、**モデル**についても見出しを付けてまとめます。本研究では、表情の強さの知覚過程を検討するためのモデルを立てており、それが論文の重要ポイントになっているからです。

●問題部分
 （1）問題
 （2）先行研究
 （3）目的
 （4）モデル

7.1.1 （1）問題

ここでは、研究において**問題とする内容の説明**や**問題意識**についてまとめます。

| Let's Try! |

今回は、表情や表情の強さの知覚を問題とするので、それに関する説明や問題意識をまとめていきます。参考論文❶❷なども参照のうえ、まとめてみてください。

7.1.2 （2）先行研究の概観（研究史）

　ここでは、過去に行われた研究の中から、自分の研究目的と直接関連する研究（**先行研究**）を取り上げて、当該テーマにおける研究の進捗状況をまとめます。そのうえで、自身の研究の位置付けを明らかにします。具体的な作業は、以下のステップにしたがって進めるとよいでしょう。

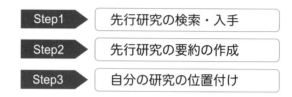

Step1）先行研究の検索・入手

　先行研究を入手する方法の一つは、大学の研究室や図書館にある心理学の学術雑誌（「心理学研究」など）をめくってみることです。偶然にも、興味のある論文や探索中の論文と出会えるかもしれません。さらに、そこで見つけた論文の引用文献リストをたどることで、最近の関連文献を多数知ることができます。

　先行研究を入手する二つめの方法は、インターネット検索です。

　日本語の論文であれば **J-STAGE** や **CiNii** を、外国語の論文については **PubMed** や **PsycINFO** などの Web サイトを使ってみてください。なお、**J-STAGE** では、論文誌「心理学研究」の掲載予定論文（早期公開分）を入手することもできます。

> **J-STAGE**
> 日本心理学会発行「心理学研究」早期公開
> https://www.jstage.jst.go.jp/browse/jjpsy/advpub/0/_contents/-char/ja/

Let's Try!

調べた先行研究を、一覧に記載しよう。

1）

2）

3）

Step2) 先行研究の要約の作成

Step1 で入手した関連論文を読み、これまでどのような研究が行われてきたかを、**要約**としてまとめます。まとめる内容は①目的、②方法、③結果です。ただし、引用する全ての研究について、①〜③をまとめる必要はありません。議論を進めるうえで必要な部分のみを要約・引用してください。

例えば、参考論文❸では、Huber & Lenz（1993）の研究が紹介されています。主に方法と結果についてまとめられ、特に自身の研究との差異が明確に述べられています。これは、自身の研究の位置付けや、後の考察⓱において議論する内容（両者のモデルの差異を含めた結果の比較）をふまえての要約です。このように、適宜必要な箇所を判断して、まとめることが必要になります。

| Let's Try! |

解説をふまえて、先行研究の必要箇所を要約してみよう。

①目的

②方法

③結果

Step3) 自分の研究の位置付け

引用する先行研究の要約が終わったら、先行研究と自身の研究との差異をまとめ、自分の研究の位置付けを明らかにします。論文において、自身の研究の位置付けを述べる目的は、自分の研究が単なる過去の研究の焼き直しではなく、**新しい部分がある**ということを示すためです。それにより、その研究の必要性や意義を読者に伝えることができます。

☞さらに詳しい解説は、3 章 3.1.2 項の Step3 を参照してください。

> **Check it!** 参考論文❸❹で、研究の位置付けを確認してみよう。
>
> **参考論文❸** Huber & Lenz（1993）は……（中略）……しかし，彼らが検討したものには，視覚的特徴の関係は含まれていなかった。
>
> **参考論文❹** 一方，Massaro ら（Ellison & Massaro, 1997）は……（中略）……特徴の統合が加算ではなく乗算的であると考え，このモデルが線型加算モデルよりも有効であると主張した。しかしながら，Massar らのモデル……（中略）……問題が多いと考えられる。そこで，本研究では……（中略）……
>
>
>
> ❸で Huber & Lenz（1993）のモデルには、視覚的特徴の関係は含まれていなかったという点や、❹で Massaro らの研究の問題点を指摘しています。その上で、自身の研究では、Huber & Lenz が扱わなかった「視覚的特徴の関係」をモデルに含めることや、Massaro らの問題のある乗算的モデルではなく「線型加算モデル」を仮定する旨が述べられています。これにより、自身の研究と先行研究との差異が明らかになり、研究の位置付けが明確になっています。参考論文❸→❹→❺と読み進めて、その過程を確認してください。

Let's Try!

解説を読み、自分の研究の位置付けをまとめてみよう。

_____
_____
_____
_____
_____
_____

7.1.3 （3）目的

Let's Try!

実験の目的についてまとめよう。**どんな方法によって、何を検討するのか**、などを簡潔に書いてください。

参考論文では、実験が三つあるので、初めに研究全体の目的が「問題」部分（参考論文❹後半）で述べられています。そして、各実験の冒頭（参考論文❻）では、それぞれの実験の目的が簡潔に記述されています。

> 例）本研究では・・・・・・を検討することを目的とした。

7.1.4 （4）モデル

ここでは、研究で仮定したモデルについて記述します。すなわち、**どのようなモデルを仮定したか**と、**そのモデルを仮定した理由**を説明します。具体的なまとめ方は、参考論文❺を参照してください。

例えば、参考論文❺では、まず基本として「（3変数の）線型加算モデル」をあてはめていることが書かれています。そして、その中に、（1）特徴─比率モデル、（2）特徴─距離モデル、という二つのモデルがあり、各モデルの特徴や差異が述べられています。

Let's Try!

自分が仮定したモデルの具体的な内容と、そのモデルを仮定した理由を、根拠（先行研究）を挙げて説明してみよう。

7.1.5　まとめ（「問題」部分の構成）

Let's Try!

先にまとめた（1）～（4）を整理して、「問題」部分を完成させよう。以下は構成のイメージ。見出しの必要性等は、自分で決めること。

------------------------------ 1 行あける ------------------------------
　　慣例にしたがって、中央大見出しを省略する構成もあります。
------------------------------ 1 行あける ------------------------------

問題

先行研究

目的

モデル

7.2 方法

「方法」では、実験の方法（何名の人がその実験に参加して、どんな器具を使い、いかなる手続きで行ったか）について、項目別に分けて、過去形の文章で記述します。

今回は、参考論文と同様に、以下の四つの項目についてまとめましょう。もちろん、必要に応じて、その他の項目を追記してもかまいません。自分で判断のうえ、まとめてください。

それでは、（1）～（4）にしたがって、解説を進めます。

●方法部分
　（1）実験参加者
　（2）刺激
　（3）器具・装置
　（4）手続き

7.2.1 （1）実験参加者

実験に参加した人の合計人数、男女比、平均年齢と標準偏差、参加者の職業・身分などを記述します。その他に、**実験内容に影響がありそうな事柄**についても書いてください。それについては、「今回の実験が人間の視覚情報処理に関する実験である」ということを考慮のうえ、参考論文❼を読んで考えてみてください。

Let's Try!

実験参加者についてまとめよう。

7.2.2 （2）刺激

ここでは、実験で使われた刺激について記述します。また、必要に応じて、刺激の例を Figure として載せることもあります。

参考論文❾では、まず実験で使われた図式顔（線画）の基本的な構成が述べられています。次に、実験で操作した顔内部の特徴（眉、目、口）について、それぞれの変化段階（水準数）が述べられ、最終的に何個の刺激が作成されたか（刺激数）が書かれています。

続く段落では、全体的な顔刺激の大きさが視角（visual angle）単位でも示され、さらに操作した3特徴の大きさや具体的な操作方法、操作範囲、ステップなどが詳細に述べられています。

● 表情刺激のデータベースの紹介
実験に使用するための表情刺激のデータベースが、外国を含め複数あります。その中から、「日本人の刺激で、かつ、無料（研究目的に限る）で利用できる」という観点で、以下のデータベースを紹介します。

JAFFE
http://www.kasrl.org/jaffe.html
＊10名の日本人女性による6基本表情＋ニュートラル顔の画像（213枚）が収録されています。

表情刺激には、図式顔（線画）or 写真、カラー写真 or グレースケール、静止画 or 動画など種類があります。そういった情報も、必要に応じて記述してください。

Let's Try!

解説＆参考論文❾をふまえ、刺激についてまとめよう。

7.2.3 （3）器具・装置

ここでは、実験で使用した機器、装置の類を記述します。

参考論文では、実験がコンピュータ・プログラムによって制御されています。したがって、記載されている装置の類も、それに伴うものが多くなっています。また、参考論文❽では、実験の際に使用した機器に限らず、刺激を作成する際に使用したツールや、データの分析に用いた統計ソフトについても書かれています。

> **Let's Try!**
>
> まず、参考論文❸を読み、どのような機器・装置について、いかなる情報を書いたらよいかを整理してみよう。そのうえで、自分の実験で使用した機器・装置についてまとめよう。基本的に、既製品については、メーカー名と型式の記載が必要です。

7.2.4 （4）手続き

　ここでは、実験の手順（実験開始〜終了までの流れ）についてまとめます。
　参考論文❿では、まず、1試行がどういう順番で構成されているかが述べられています。次に、実験全体の試行数や刺激の呈示順序、繰り返しの有無などが記述されています。

> **Let's Try!**
>
> 参考論文❿も確認のうえ、手続きをまとめてみよう。

198　第7章　知覚される表情の強さの予測＆重回帰分析

7.2.5　まとめ（「方法」部分の構成）

Let's Try!

（1）〜（4）でまとめた内容に、見出しを付けて配置して、「方法」部分を完成させよう。「方法」では、見出しの使用が必須です。

-------------------------------- 1行あける --------------------------------
方法
-------------------------------- 1行あける --------------------------------

実験参加者

刺激

器具・装置

手続き

7.3　結果

「結果」では、自分の解釈を入れず、実験で得られた結果（事実のみ）を簡潔に述べます。具体的には、収集したデータに対し、どのような統計分析を行い、いかなる結果が得られたかを、統計量や数値に触れながら記述していきます。また、必要に応じて、結果を図や表にあらわすことがあります。

なお、この節では、論文中には含めない「ローデータの整理」についても、初めにふれることとします。必ず確認してください。それでは、（0）から順番に解説を進めていきます。

●結果部分
（1）多変量解析：重回帰分析
（2）図の作成：パス図

7.3.1　（0）ローデータの整理

初めに、実験で得られたデータを、統計ソフトに整理・入力しよう。

データ入力にあたり、今回のデータ構造をおさらいしておきます。今回は、要因が三つ（眉の傾き：11条件、目の開き：6条件、口の開き：6条件）、従属変数が一つ（知覚された怒りの強さ）あります。一人の被験者につき、三つの要因の組み合わせがあるので、合計396（11 × 6 × 6）の測定値が得られることになります。すなわち、データの総合計は、**396 × N（被験者数）**になります。

なお、ここでは、後に行う重回帰分析を想定して、データを入力する必要があります。重回帰分析は計算過程が複雑であるため、統計ソフトを用いることになります。したがって、データの入力形式は、自分が使う統計ソフト（SPSS、Rなど）に依存するわけです。

Let's Try! ●

それでは、全被験者分のデータを整理・入力しよう。ここでは、三つの条件の組み合わせごとに、測定値を入力する必要があります。

200　第7章　知覚される表情の強さの予測＆重回帰分析

7.3.2 （1）多変量解析：重回帰分析

重回帰分析の詳しい説明☞鵜沼秀行・長谷川桐（2016）．改訂版はじめての心理統計法東京図書　p.264～を参照。

　重回帰分析とは、変数間の相関係数（ピアソンの積率相関係数）をもとにして、ある事柄（基準変数）をいくつかの要因（説明変数）から説明・予測したい場合に用いる多変量解析の手法です。分析に用いる全ての変数が、量的変数の場合に適用可能です。

■重回帰分析をはじめる前に

重回帰分析を実施する前に、以下の前提を確認してください。

> #### ●基準変数と説明変数
> 　重回帰分析では、説明・予測したい事柄を**基準変数**、基準変数を説明するために用いる変数を**説明変数**といいます。
>
> #### ●重回帰分析のモデル
> 　重回帰分析では、基準変数を複数の説明変数によって説明しようとするとき、その説明変数の組み合わせを一つの**モデル**と考えます。初めにモデルを仮定した上で、そのモデルによる説明率や有意性を分析するわけです。具体的には、説明変数の組み合わせによる**線型結合（加算）モデル**を考えます。線型結合（加算）モデルとは、各説明変数の重要度に応じて重みを付けて、それらを足し算していくモデルです。
>
> #### ●基準変数と説明変数の関係、重回帰式（予測式）
> 　線型結合（加算）モデルでは、基準変数を Y、説明変数を X とすると、基準変数と説明変数の関係は、$Y = a + bX$ という一次関数で表されます。すなわち、基準変数と説明変数が、ピアソンの相関関係を持つことが前提になるわけです。そして、この一次関数のことを**重回帰式（予測式）**と呼びます。重回帰分析では、基準変数 Y と説明変数 X の間の相関関係の強さをもとにして、各説明変数が、基準変数にどのくらい影響を与えているかを決めることになります。その影響力にあたる部分が、重回帰式の b というところです。
> 　なお、$Y = a + bX$ は基本形であり、説明変数の数に応じて変わっていきます。例えば、説明変数が三つになれば、bx の部分が説明変数の数だけ増加します。
>
> $$Y = a + b_1X_1 + b_2X_2 + b_3X_3$$
> （a は定数、b は偏回帰係数：各説明変数にかかる重み）

Let's Try!

それでは重回帰分析をやってみよう。基準変数は知覚された怒りの強さ、説明変数は眉の傾き、目の開き、口の開きです。すなわち、知覚された怒りの強さを、三つの説明変数による線型結合モデルから予測・説明してみようというわけです。

分析が終わったら、結果のポイントを以下のテンプレートに整理しよう。

〈分析の概要〉

基準変数　Y _____

説明変数　X_1 _____　X_2 _____　X_3 _____

重回帰分析の方法　_____法

....

〈相関係数（ピアソンの積率相関係数）〉

●基準変数 Y と各説明変数 X の相関

　Y と X_1【$r =$ 　　　　　】評価 _____

　Y と X_2【$r =$ 　　　　　】評価 _____

　Y と X_3【$r =$ 　　　　　】評価 _____

＊相関の低い組み合わせには要注意！　説明変数として、有効でない可能性があります。

●説明変数間の相関

X_1 と X_2【$r =$ 　　　　】X_1 と X_3【$r =$ 　　　　】X_2 と X_3【$r =$ 　　　　】

＊相関の高い組み合わせに注意！多重共線性の問題が懸念されます。

〈各モデルの説明率（調整済み $R^2 \times 100$）〉

モデル１：　　　　　％　モデル２：　　　　　％　モデル３：　　　　　％

〈各モデルの適合度（*AIC*：赤池情報量規準）〉

モデル１：　　　　　モデル２：　　　　　モデル３：

＊値が小さいほど、適合度が高いと言えます（良いモデル）。

$$\Downarrow$$

最終的に選択したモデル _____

＊説明率と適合度（*AIC* など）から判断します。

202　第7章　知覚される表情の強さの予測＆重回帰分析

＊ β_1 は説明変数 X_1 の標準偏回帰係数の値、β_2 は説明変数 X_2 の標準偏回帰係数の値、β_3 は説明変数 X_3 の標準偏回帰係数の値。

〈標準偏回帰係数 β〉

●標準偏回帰係数の値、大きさと方向性（－、＋）の評価

【β_1　　　】大きさ ＿＿＿＿＿＿＿＿＿＿＿＿＿＿＿＿＿

　　　　　　　方向性 ＿＿＿＿＿＿＿＿＿＿＿＿＿＿＿＿＿

【β_2　　　】大きさ ＿＿＿＿＿＿＿＿＿＿＿＿＿＿＿＿＿

　　　　　　　方向性 ＿＿＿＿＿＿＿＿＿＿＿＿＿＿＿＿＿

【β_3　　　】大きさ ＿＿＿＿＿＿＿＿＿＿＿＿＿＿＿＿＿

　　　　　　　方向性 ＿＿＿＿＿＿＿＿＿＿＿＿＿＿＿＿＿

＊絶対値が大きいほど、基準変数への影響力が大きいと言えます。

＊ a は定数の偏回帰係数、b_1 は X_1 の偏回帰係数、b_2 は X_2 の偏回帰係数、b_3 は X_3 の偏回帰係数の値。

〈偏回帰係数 B〉

【a　　　　】【b_1　　　　】【b_2　　　　】【b_3　　　　】

〈得られた重回帰式〉

$\hat{Y} =$ ＿＿＿＿＿＿＿＿＿＿＿＿＿＿＿＿＿＿＿＿＿＿＿

〈重回帰式の有意性、予測の精度〉

●モデル（得られた重回帰式）の有意性：予測に役立つか？

$F ($＿＿＿＿$,$＿＿＿＿$) = $＿＿＿＿＿$, p$

●重回帰式のあてはまりの良さ

重相関係数【$R =$　　　】　評価 ＿＿＿＿＿＿＿＿＿＿＿＿＿

〈多重共線性の有無〉

【VIF　　　　】　評価 ＿＿＿＿＿＿＿＿＿＿＿＿＿＿＿＿

【許容度　　　】　評価 ＿＿＿＿＿＿＿＿＿＿＿＿＿＿＿＿

＊ VIF、許容度、説明変数間の相関（0.8 以上目安）を総合的に判断のうえ、結論してください。

結論 ＿＿＿＿＿＿＿＿＿＿＿＿＿＿＿＿＿＿＿＿＿＿＿＿＿

7.3 結果 203

Let's Try!

テンプレートの整理が終わったら、それを見ながら、結果を文章にまとめていきます。文章化では、☑ Checklist や次ページの【まとめ方の例】を参考にしてください。

☑ Checklist【重回帰分析：結果のまとめで記述すること】

1）分析の概要
□ 基準変数、説明変数
□ 重回帰分析の方法（変数増加法など）
□ 仮定したモデル（線型結合モデル）
□ 比較検討したモデル
□ 説明変数として有効でなく、分析から除かれた変数があれば記述

2）全体的な分析結果の記述
□ 各モデルの説明率や調整済み R^2（小数点前の 0 を省略）
□ 重回帰式の有意性検定の結果
□ 各モデルの適合度（AIC など）

3）モデルの選択、選択したモデルについての結果の記述
□ 最終的に選択したモデル
□ 標準偏回帰係数 β の値
□ 得られた重回帰式

204　第7章　知覚される表情の強さの予測＆重回帰分析

【まとめ方の例】 ＊■■■は説明変数

初めに、「分析の概要」についてまとめます。

　基準変数を□□□□（Y），説明変数を■■■（X_1），■■■（X_2），■■■（X_3）として重回帰分析（○○○○法）を行い，3変数の線型1次結合モデルによって知覚される怒り表情の強度変化を説明・予測できるかを検討した。変数増加法によって，基準変数と相関の高い説明変数を順次追加して，1変数モデル（■■■），2変数モデル（■■■，■■■），3変数モデル（■■■，■■■，■■■）が検討された。

次に、「全体的な分析結果の記述」をまとめます。

比較検討したモデルについても説明率やAICを示し、モデル選択のプロセスがわかるようにすることがポイントです。

　その結果，3変数モデルの説明率が○○％と最も高かった（$R^2_{adj}=$　　　，$F($　　，　　$)=$　　　，p　　　）。一方，2変数モデルの説明率は○○％（$R^2_{adj}=$　　　，$F($　　，　　$)=$　　　，p　　　），1変数モデルは○○％（$R^2_{adj}=$　　　，$F($　　，　　$)=$　　　，p　　　）であった。また，モデルの適合度を示すAIC（赤池情報量規準：値が小さいほど適合度が高い）は，3変数モデル○○○，2変数モデル○○○，1変数モデル○○○であり，3変数モデルが最も適合していると言えた。

最後に、「モデルの選択、選択したモデルについての結果の記述」をまとめます。

　説明率およびAICの値から，知覚される怒りの強さの予測には，3変数モデルを採用することとした。モデルを構成する三つの説明変数の相対的な重みを評価するために，標準偏回帰係数（β）を計算した。β（眉の傾き）＝○○○，β（目の開き）＝○○○，β（口の開き）＝○○○であり，■■■は知覚される怒りの強さを最もよく説明する変数であった。

　重回帰分析の結果から，以下の式が得られた。

$$\hat{Y}=○○+○○X_1+○○X_2+○○X_3$$

　ここで，$\hat{Y}$は知覚される怒りの強さ（予測値），X_1は眉の傾き，X_2は目の開き，X_3は口の開きの値である。

7.3.3 (2) 図の作成：パス図

重回帰分析の結果を示す際に、**パス図**を作成することがあります。パス図とは、変数間を矢印（パス）で結び、変数間の因果関係や相関関係を図式化したものです（Figure 7-3）。多変量解析においては、さまざまな統計量の解釈が必要となり、結果が複雑になりがちです。そこで、パス図を作成し、結果を視覚化するわけです。

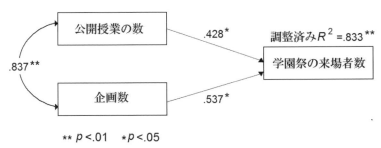

Figure 7-3. 学園祭の来場者数と公開授業の数、企画数の関係（鵜沼・長谷川，2016，p.280，図 9.2.5）。

〈Figure 7-3 の詳しい解説〉パス図から何がわかる？

Figure 7-3 は、基準変数を学園祭の来場者数、説明変数を公開授業の数と企画数として、重回帰分析を行った結果をパス図に表したものです。図から、以下のことがわかります。結果のポイントが網羅されていることを確認してください。

①モデルが、公開授業の数と企画数という二つの説明変数によって構成されている。
②公開授業の数や企画数が来場者数に影響を与え、それらが来場者数の原因になっている（因果関係）。
③２変数モデルにより、学園祭来場者数が 83.3% 説明・予測される。
④標準偏回帰係数の値（$\beta = .537$）から、企画数は来場者数をよく説明する変数である。すなわち、企画数が増えるほど来場者数も増加する。
⑤重回帰式の検定結果から、得られた重回帰式は、予測に有効である。
⑥説明変数間の相関が高く（$r = .837$）、多重共線性の問題が懸念される。

206　第7章　知覚される表情の強さの予測＆重回帰分析

Let's Try!

パス図☞鵜沼秀行・長谷川桐（2016）. 改訂版 はじめての心理統計法 東京図書 p.280～。

最終的に選択したモデルについて、パス図を作成しよう。作成の際は、Figure 7-3 とその解説、および以下の ☑ Checklist を十分に確認してください。作成には、ペイントソフトなどを使用します。下の空欄には、作成するパス図のイメージを手書きでまとめておこう。

☑ **Checklist【パス図の作成方法】**

パス図への記載内容：基準変数、説明変数、標準偏回帰係数、調整済み R^2

....

□ 基準変数と説明変数は四角で囲みます（実測された変数であるため）

□ 説明変数は、縦に並べて記載します

□ 一方向の矢印（ ——→ ）は因果関係を、双方向の矢印（ ◆——▶ ）は相関関係をあらわします

□ 標準偏回帰係数は、各説明変数から基準変数に向かって伸びる矢印のそばに記載します（小数点前の 0̥ を省略）

□ 標準偏回帰係数の右上には、偏回帰係数の検定結果を＊で示します

□ アスタリスク二つ（＊＊）が 1％、一つ（＊）が 5％水準で有意を表します

□ 図の下部に、アスタリスクの説明を記載します

□ 調整済み R^2 は、基準変数の上に記入します（小数点前の 0̥ を省略）

□ 調整済み R^2 の右上には、重回帰式の有意性検定の結果を＊で記入します

□ （必要と考えれば、相関係数とその検定結果を＊で示します）

7.3.4 まとめ（「結果」部分の構成）

Let's Try!

（1）～（2）で整理した内容を構成し、「結果」を完成させよう。

---------------------------- 1行あける ----------------------------
結果
---------------------------- 1行あける ----------------------------

（本文書き出し）

7.4 考察

考察では、結果を解釈し、以下の5点についてまとめましょう。以下、（1）から順番に、解説を進めます。

●考察部分
（1）要約
（2）結果の解釈（実験結果をどのように説明するか）
（3）先行研究との比較
（4）今後の課題と研究の限界
（5）結論

7.4.1 （1）要約

Let's Try!

考察の冒頭で、実験の目的と結果について、簡潔に要約しよう（参考論文⓯）。

7.4.2 （2）実験結果をどのように説明するか

実験の結果を解釈し、結果からどのようなことが言えるか、何が明らかになったのかを記述します。また、得られた結果に対して、説明を与えます。結果を、どのような理論・原因によって説明するかということです。

今回の研究における考察のポイントを以下に挙げておきます。

1）仮定したモデルの有効性、一般性

先行研究で検討されたモデルとの比較から、モデルの予測は一般性があるという

ことを述べてください。また、今回の実験方法以外の方法でも、類似した説明変数の効果が検討されているか調べて、結果を比較してみよう。類似した結果が見つかれば、一般化の一つの根拠となります。

2) モデルによって説明できなかった部分の検討

今回仮定したモデルで説明できた部分とできなかった部分があるはずです。その説明できなかった残りの〇〇 % を説明する要因が何であるかを考察しよう。

Let's Try!

考察のポイントをふまえて、結果の説明をまとめよう。

7.4.3 （3）先行研究との比較

自分の結果と「問題」で引用した先行研究との結果の比較を行い、一致点、相違点をまとめます。なお、相違点については、一致しなかった理由も述べてください。

参考論文❿では、一致点と相違点が述べられ、それに対して詳しい説明が与えられているので、参考にしてください。

210 第7章 知覚される表情の強さの予測＆重回帰分析

Let's Try!

先行研究の結果と自分の結果を比較しよう。

一致点

相違点

一致しなかった理由

7.4.4 （4）今後の課題と研究の限界

　このテーマでは、特に研究の限界について触れる必要があるでしょう。研究の限界とは、今回の結果をどこまで一般化できるかという話です。例えば、今回実験で使われた刺激は、リアルな写真等ではなく、図式顔であったという問題があります。すなわち、生態学的妥当性の観点から、研究の限界が述べられる必要があります。

Let's Try!

今後の課題と研究の限界についてまとめよう。

7.4.5 （5）結論

Let's Try!

最後に、研究によって明らかになったことやモデルの意義を簡潔に述べ、結論とします（参考論文⓳）。

7.4.6 まとめ（「考察」部分の構成）

Let's Try!

（1）〜（5）でまとめた内容を組み込んで、「考察」部分を完成させよう。

------------------------------ 1行あける ------------------------------
考察
------------------------------ 1行あける ------------------------------
（本文書き出し）

212　第7章　知覚される表情の強さの予測＆重回帰分析

7.5　引用文献

Let's Try!

日本心理学会「心理学研究」執筆・投稿の手びき
http://www.psych.or.jp/publication/inst.html

日本心理学会「執筆・投稿の手びき」や本書1章を参照して、論文中で引用した文献のリストを作成しよう。

引用文献は、日本人も外国人も、著者姓でABC順に並べます。以下には、例として、本章で取り上げた著者らの論文が記載されています。記述形式（外国語論文）を確認してください。また、参考論文には、外国語書籍の記述形式や、同一著者による複数文献の並べ方も例示されているので、参考にしてください。

〈基本的な記述形式〉
論文
著者名、出版年、タイトル、雑誌名、巻数、ページ番号
＊日本語論文では、巻数をイタリック体に、外国語論文では、雑誌名と巻数をイタリック体にします。ページ番号は、最初と最後のページ（129-149）を記載します。

書籍
著者名、出版年、タイトル、出版社名
＊外国語書籍の場合、出版社名の前に、出版地も記載します。また、タイトル（書名）はイタリック体にします。

外国語論文では、著者が複数（7名以下）の場合、最後の著者の前に、カンマ（,）と＆が挿入されます（日本語論文では、長谷川 桐・鵜沼 秀行のように、著者間を中黒で結びます）。

-------------------------- 1行あける --------------------------
引用文献
-------------------------- 1行あける --------------------------

Hasegawa, H., & Unuma, H. (2010). Facial features in perceived intensity of schematic facial expressions. *Perceptual and Motor Skills, 110,* 129-149.

■著者紹介

長谷川 桐 (HASEGAWA Hisa)
【第3章、第4章、第6章、第7章執筆】
2003年　川村学園女子大学大学院人文科学研究科修士課程修了（心理学専攻）
2005～2006年　カリフォルニア大学ロサンゼルス校（UCLA）客員研究員
2010年　青山学院大学大学院文学研究科博士後期課程（心理学専攻）
専門：　知覚・認知心理学

主な研究業績
　Facial features in perceived intensity of schematic facial expressions (Perceptual and Motor Skills, 2010).
　『改訂版 はじめての心理統計法』（東京図書，2016）.

鵜沼 秀行 (UNUMA Hideyuki)
【第1章、第2章、第5章執筆】
1989年　早稲田大学大学院文学研究科博士後期課程（心理学専攻）
1997、2005～2006年　カリフォルニア大学ロサンゼルス校（UCLA）客員研究員
現　在　川村学園女子大学文学部心理学科教授　専門：　知覚・認知心理学

主な研究業績
　Spatiotemporal integration and contour interpolation revealed by a dot localization task with serial presentation paradigm (Japanese Psychological Research, 2010).
　『対象の認識における情報の時間空間的統合と知覚的表象の形成』（早稲田大学出版部，2013）.
　『改訂版 はじめての心理統計法』（東京図書，2016）.

テンプレートで学ぶ　はじめての心理学論文・レポート作成

2017 年 12 月 25 日　第 1 刷　発行　@HASEGAWA Hisa, UNUMA Hideyuki, 2017
Printed in Japan

著　者　長谷川 桐
　　　　鵜沼 秀行
発行所　東京図書株式会社
〒 102-0072　東京都千代田区飯田橋 3-11-19
振替　00140-4-13803　電話　03-3288-9461
http://www.tokyo-tosho.co.jp/

ISBN 978-4-489-02279-1